ABBÀ, PADRE NOSTRO

È giunta l'ora della festa

Ecco le 10 ragioni

www.FatherFeast.com

ISBN - 979-8-3303-7859-3

INDICE

#1 La Bibbia 1

#2 La liturgia 5

#3 La patristica 9

#4 I concili 11

#5 I Papi 17

#6 La teologia 21

#7 L'antropologia 25

#8 I millenni 33

#9 L'ecumenismo 37

#10 I frutti 42

La festa.. 45

Riassumendo 55

Appendice 63

www.FatherFeast.com

Il Padre nostro inizia con una grande consolazione; noi possiamo dire "Padre". In questa sola parola è racchiusa l'intera storia della redenzione.1

Reinhold Schneider, poeta

È una tristezza che non esista, in tutto l'anno liturgico, una festa del Padre, che non esista, in tutto il Messale, neppure una messa votiva in suo onore. È cosa, a penarci bene, molto strana; esistono innumerevoli feste di Gesù Figlio; esiste una festa dello Spirito Santo; esistono tante feste della Madre […] Non esiste una sola festa del Padre, "fonte e origine di tutta la divinità". Verrebbe quasi da dire che è il Padre, ora, "il divino sconosciuto", non più lo Spirito Santo.2

Cardinale Raniero Cantalamessa, O.F.M. Cap., predicatore della Casa Pontificia (Papi San Giovanni Paolo II, Benedetto XVI e Francesco)

L'assenza di una festa del Padre nel ciclo liturgico testimonia che il culto del Padre non ha ancora raggiunto il suo pieno sviluppo. Nel corso dell'anno ci sono le feste di Cristo in memoria di parecchi eventi dell'opera di salvezza, la festa dello Spirito Santo nella Pentecoste, la festa della Santissima Trinità, le feste della Madonna e quelle di numerosi santi e sante. Però non c'è nessuna festa particolare del Padre: a differenza delle due altre persone divine il Padre non viene celebrato in una festa che sia riservata tutta a Lui.3

Jean Galot, S.J., professore, Pontificia Università Gregoriana (1972-2008)

Il ciclo liturgico consente ai cristiani di rivivere lo svolgimento del mistero della salvezza nei suoi diversi stadi e nei suoi eventi più importanti. Il Padre è all'origine e alla conclusione del mistero. L'intera opera di santificazione deriva dal Suo amore paterno e tende a produrre, come ultimo frutto, il ritorno dell'umanità a Lui. Il Suo ruolo paterno, assolutamente primordiale e decisivo, merita d'esser riconosciuto e venerato con una festa speciale.4

Jean Galot, S.J.

IN BREVE

Nella pienezza del tempo: la narrazione biblica; la logica della liturgia; l'insegnamento patristico, conciliare e papale; l'evoluzione della dottrina; le scoperte antropologiche; la solidarietà ecumenica e interreligiosa; nonché il flusso della storia della salvezza conducono a un crescente riconoscimento del ruolo singolare di Dio Padre. È stata per secoli speranza e preghiera di molti che questa grandiosa scoperta venga tradotta in una dichiarazione della Chiesa e in una celebrazione di una festa per Abbà, Padre nostro, il Padre della famiglia umana.

Come primo esempio, sappiate che da quasi due secoli in Brasile, il paese cattolico più grande del mondo, celebra la festa del Divino Padre Eterno la prima domenica di luglio, ora nella Basílica do Divino Pai Eterno nella città di pellegrinaggio di Trindade, poco lontano dalla capitale Brasília.

Ecco dieci considerazioni che spingono a una diffusione della festa del Padre – in celebrazione del ruolo che ricopre nell'ordine salvifico – alla Chiesa universale.

#1 **La Bibbia**	Un figlio onora suo padre [...]Se dunque io sono padre, **dov'è l'onore che m'è dovuto?** [...] Il SIGNORE degli eserciti parla a voi. (Ml 1,6) [...] **sarò per voi come un padre**, e voi mi sarete come figli e figlie, dice il Signore onnipotente. (2Cor 6,18) Ma l'ora viene, anzi è già venuta, che **i veri adoratori adoreranno il Padre** in spirito e verità; poiché il Padre cerca tali adoratori. (Gv 4,23) Cardinale Pietro Parolin: «La paternità di Dio è la lente che ci dà i mezzi per comprendere tutto ciò che Gesù dice e fa nei Vangeli: ogni azione e ogni parola del Figlio sottolinea la supremazia di Chi chiama "mio Padre".»
#2 **La liturgia**	*Catechismo della Chiesa cattolica*: «L'Eucarestia è il sacrificio di ringraziamento al Padre, una benedizione con la quale la Chiesa esprime la propria riconoscenza a Dio per tutti i suoi benefici, per tutto ciò che ha operato mediante la creazione, la redenzione e la santificazione.» *Jean Galot S.J.*, Pontificia Università Gregoriana: «Constatiamo perciò questo paradosso: il Padre, che è all'origine di tutta l'opera di salvezza e ha istituito tutto il fondamento della liturgia, non viene personalmente festeggiato da questa liturgia. Colui che avrebbe il diritto di essere celebrato prima di tutte le altre persone non viene onorato con una festa particolare.»
#3 **La patristica**	*Ireneo di Lione* (130-202): «Esiste un solo Dio: il Padre, che s'innalza sopra tutto, attraverso tutto, in tutto.» *Sant'Agostino* (354-430): «Il Padre è il principio d'ogni divinità o, per esser più precisi, deità, perché non origina da nient'altro. Non esiste né deriva da nessuno, bensì è da Lui che il Figlio viene generato e da Lui che deriva lo Spirito Santo.» *Dicastero per la promozione dell'unità dei cristiani*: «Il solo Padre è il principio senza principio delle altre due persone della Trinità, la sola fonte del Figlio e dello Spirito Santo [...] Le due tradizioni [orientale e occidentale] riconoscono che la "monarchia del Padre" implica che il Padre sia la sola causa della Trinità, o Principio del Figlio e dello Spirito Santo.»

| #4
I concili | *Concili di Nicea (325)* e *Costantinopoli (381)*: «Crediamo in un solo Dio, Padre onnipotente, Creatore del cielo e della terra, di tutte le cose visibili e invisibili.»
Concilio di Firenze (1438-1445): Il Padre è «fonte e principio di tutta la deità, cioè del Figlio e dello Spirito Santo.»

Catechismo del Concilio di Trento (1545-1563): «[…] questa meravigliosa fecondità di Dio Padre, che, intuendo e comprendendo Sé stesso, genera un Figlio, pari e uguale a Sé stesso; di contemplare come l'identico Amore di carità dei due, che è lo Spirito Santo, procedente dal Padre e dal Figliolo, stringe reciprocamente, con eterno e indissolubile vincolo, il Genitore e il Generato».

Lumen Gentium, concilio Vaticano II (1962-1965): «L'eterno Padre, con liberissimo e arcano disegno di sapienza e di bontà, creò l'universo; decise di elevare gli uomini alla partecipazione della Sua vita divina […] Il Figlio, mandato dal Padre il quale ci ha scelti in lui prima della fondazione del mondo e ci ha predestinati a essere adottati in figli […] Compiuta l'opera che il Padre aveva affidato al Figlio sulla terra, il giorno di Pentecoste fu inviato lo Spirito Santo per santificare continuamente la Chiesa e affinché i credenti avessero così attraverso Cristo accesso al Padre in un solo Spirito.» |
| #5
I Papi | *Papa Giovanni Paolo II:* «È il Padre il principio assoluto della vita trinitaria, l'unico che non ha origine e da cui scorre la vita divina. L'unità delle tre persone non è condivisione dell'unica essenza divina, ma dinamismo di rapporti reciproci, che hanno fondamenta e fonte nel Padre.»

Papa Giovanni Paolo II: «Tutta la vita cristiana è come un grande pellegrinaggio verso la casa del Padre, di cui si riscopre ogni giorno l'amore incondizionato per ogni creatura umana, e in particolare per il "figlio perduto".» |

Papa Benedetto XVI: «Dio ci è Padre dandoci il suo figlio;
Dio ci è Padre perdonando il nostro peccato e portandoci
alla gioia della vita risorta; Dio ci è Padre donandoci
lo Spirito che ci rende figli e ci permette di chiamarlo,
in verità, "Abbà, Padre!"» (*Rm* 8,15). Perciò Gesù,
insegnandoci a pregare, ci invita a dire "Padre nostro"
(*Mt* 6,9-13; *Lc* 11,2-4). La paternità di Dio, allora, è amore
infinito, tenerezza che si china su di noi, figli deboli,
bisognosi di tutto.»

Papa Benedetto XVI: «Lo Spirito è anche l'energia che
trasforma il cuore della comunità ecclesiastica, perché
diventi testimone per l'intero mondo dell'amore del Padre,
che vuole fare dell'umanità un'unica famiglia nel Figlio.»
Deus Caritas Est, 2006

Papa Francesco: «Il primo passo di ogni preghiera cristiana
è l'ingresso nel mistero – quello della paternità di
Dio [...] Che si entri nel mistero, nella consapevolezza
che Dio è nostro Padre, o che non si preghi […] La
bramosia d'amore da tutti noi provata non è desiderio
dell'inesistente, ma l'invito a conoscere Dio: il Padre.»

Papa Francesco: «Possiamo dire che la preghiera cristiana
scaturisce dal coraggio di rivolgersi a Dio col nome di
"Padre".»

| **#6**
La teologia | La Bibbia è la storia di un'umanità che volta le spalle al Padre, Cui poi torna di propria iniziativa. «Perché Dio ha tanto amato il mondo, che ha dato il suo unigenito Figlio, affinché chiunque creda in lui non perisca, ma abbia vita eterna.» (*Gv* 3,16) «E, perché siete figli, Dio ha mandato lo Spirito del Figlio nei nostri cuori, che grida: "Abbà, Padre!"» (*Gal* 4,6)

Jean Galot: «Precisamente, in quanto è l'iniziatore di tutta l'opera salvifica e il termine finale del cammino dell'umanità salvata, il Padre dovrebbe essere celebrato. La liturgia deve seguire il movimento essenziale che caratterizza il cammino e il culto di Cristo, che va dal Padre al Padre.» |
| **#7**
L'antropologia | *Cardinale Ratzinger*: «La crisi della paternità che stiamo vivendo oggi è un elemento, forse il principale, che minaccia l'uomo nella sua umanità. La dissoluzione della paternità e della maternità è legata alla dissoluzione del nostro essere figli e figlie.»

Paul Vitz: «Il significato psicologico della paternità di Dio aiuta a mantenere una comprensione complementare dei generi, sia per gli uomini sia per le donne.»

Benedict Ashley: «Il termine 'Padre' usato per Dio non implica che Dio sia maschio; significa solo che, come nostro padre ci ha dato la vita, ci ama e tiene a noi, così fa Dio.»

Janet Soskice Smith: «Gli autori biblici usano termini sessualmente connotati [...] perché molto interessati ai legami di sangue che, nella maggior parte delle lingue naturali, sono sessualmente connotati. I titoli di parentela sono titoli d'intimità, di relazioni di sangue.» |

#8 **I millenni**	I calendari preparati per il Giubileo del 2000 – l'anno del Figlio, quello dello Spirito Santo e, infine, quello del Padre – possono avere come contraltare i tre millenni cristiani. Nel primo abbiamo "scoperto" la piena identità del Figlio attraverso i sette concili ecumenici, nel secondo siamo giunti a riconoscere l'opera dello Spirito Santo e adesso, nel terzo, abbiamo l'opportunità di riconoscere il ruolo del Padre nella storia salvifica celebrando una festa in Suo onore e consacrando a Lui il mondo. Un'odierna consacrazione del mondo al Padre sarebbe appropriata, data la precedente consacrazione al Figlio (1899) e allo Spirito Santo (1901) a opera di Leone XIII. Sarebbe il caso di complpetare queste consacrazioni del mondo con una al Padre

| #9
L'ecumenismo | *Jean Galot:* «L'istituzione di una festa in onore di Dio Padre sarebbe sicuramente un passo verso la riunione dei cristiani. Questo ruolo unificatore è al cuore dell'adorazione di Dio Padre nostro: i cristiani non possono pregare il Padre celeste senza avvicinarsi di più gli uni agli altri, nella stessa famiglia spirituale. La festa sarebbe un simbolo dell'unità cristiana, nonché una spinta impetuosa verso la riconciliazione.»

Raniero Cantalamessa: «I cristiani di sicuro darebbero immensa gioia al Signore risorto, riuscissero a compiere questo progetto "ecumenicamente", ossia raggiungendo un accordo con tutte le Chiese concordanti di celebrare insieme la festa del Padre lo stesso giorno.»

Unitatis Redintegratio, Vaticano II: «Il Signore dei secoli [il Padre] […] ha incominciato a effondere […] nei cristiani tra loro separati l'interiore ravvedimento e il desiderio dell'unione.»

La festa per il Padre, che i cristiani d'ogni denominazione invocano nella preghiera al Signore, darebbe un incredibile slancio al raggiungimento del termine pregato dal loro Salvatore, ove «tutti loro diverrebbero uno».

La festa per il Padre segnerà anche un passaggio irrevocabile nei rapporti interreligiosi.

Nostra Aetate, Vaticano II: «Dai tempi più antichi fino ad oggi presso i vari popoli si trova una certa sensibilità a quella forza arcana che è presente al corso delle cose e agli avvenimenti della vita umana, ed anzi talvolta vi riconosce la Divinità suprema o il Padre.»

Mircea Eliade, storico delle religioni: «La preghiera più recitata al mondo è rivolta al "Padre nostro che sei nei cieli". È possibile che le prime preghiere dell'umanità fossero rivolte allo stesso padre celeste.» |

	Una festa del Padre entrerebbe in risonanza con gli ebrei in particolare. In una dichiarazione senza precedenti intitolata *Fare il volere del Padre: verso la collaborazione fra ebrei e cristiani*, i rabbini ortodossi d'Israele, Europa e Stati Uniti dissero: «Cerchiamo di fare il volere del nostro Padre celeste accettando la mano tesaci dai cristiani, nostri fratelli e nostre sorelle. Ebrei e cristiani devono collaborare per affrontare le sfide morali della nostra era.» La festa in onore del Padre celeste contribuirebbe a cementare questa collaborazione.
#10 **I frutti**	Ogni festa porta i suoi frutti. Quella per il Padre ne porterebbe di unici: consapevolezza vivente della Santa Trinità manifesta sia nell'adorazone liturgica sia nella vita devozionale; maggior apprezzamento per la famiglia come riflesso della Famiglia divina della Trinità; un nuovo rispetto per la paternità e tutte le relazioni parentali, perché, come disse San Paolo, dal Padre «prende nome ogni famiglia nei cieli e sulla terra». La festa esaudirebbe la profezia di Gesù sull'ora in cui «i veri adoratori [...] adoreranno il Padre in spirito e verità.» (*Gv* 4,23) Tramite tale festa, il Padre concederà «secondo la ricchezza della sua gloria [...] perché siate ricolmi di tutta la pienezza di Dio.» (*Ef* 3,16 e 3,19)

LA FESTA

Raniero Cantalamessa: «La festa è stata sempre, nella pedagogia della Chiesa, un mezzo privilegiato per far penetrare un particolare mistero, o evento della storia della salvezza, nella vita dei fedeli. La conoscenza e la familiarità dello Spirito Santo sarebbero certamente assai più sbiadite senza la festa di Pentecoste. La festa è una catechesi vivente e oggi c'è bisogno urgente di una catechesi sul Padre. Oltre il suo valore di catechesi, una festa del Padre avrebbe, come ogni festa, anche il valore di *omologesi*, cioè di confessione pubblica e gioiosa della fede. La festa è infatti la forma più alta e solenne di proclamare la fede, perché tutto il popolo vi partecipa coralmente.»

Jean Galot: «Una festa liturgica del Padre non dovrebbe avere come tema principale la paternità eterna entro la Trinità. Dovrebbe invece esprimere omaggio alla paternità che il Padre ha pensato di assumere in relazione ai membri della razza umana, al Suo amore paterno per come si manifesta nell'opera salvifica. Questo è lo scopo della preghiera che San Paolo offrì al Padre nell'inno della *Lettera agli efesini* […] Il vero oggetto della festa, perciò, è la paternità di Dio Padre in relazione [all'umanità], una paternità in cui venga rivelata la paternità eterna.»

Nella Chiesa cattolica, dagli anni Quaranta dell'Ottocento viene celebrata la festa di Dio Padre. L'arcidiocesi di Goiânia, in Brasile, celebra tutti gli anni la festa del divino Padre eterno. La relativa cattedrale è stata costruita ufficialmente a Basília durante il pontificato di Benedetto XVI. È la seconda destinazione di pellegrinaggio del Brasile per grandezza, e attira tre milioni di pellegrini per la novena del giorno della festa, che comincia l'ultimo venerdì di giugno e finisce la prima domenica di luglio. L'attuale arcivescovo di Goiânia è stato nominato da Papa Francesco nel 2021, ed è vicepresidente della conferenza dei vescovi del Brasile. È d'altronde significativo che il paese cattolico più grande del mondo (centoventitré milioni di fedeli) abbia una festa che celebra Dio Padre. Speriamo adesso che si diffonda alla Chiesa intera come festa del Dio Padre dell'umanità.

Vale pure la pena notare che la Chiesa ortodossa etiope celebra la festa di Dio Padre da secoli.

#1 LA BIBBIA

Il Nuovo testamento ci dimostra che l'interezza dell'identità e della missione di Gesù di Nazareth ne riflette il rapporto filiale col Padre. Gesù si rivolge sempre a Dio chiamandolo Padre (con l'eccezione del Salmo 22[1], sulla croce).
Come indica il cardinale Pietro Parolin,

> A Maria e Giuseppe, tanto profondamente turbati, Gesù dà una risposta notevole: "Non sapevate che io devo occuparmi delle cose del Padre mio?" (*Lc* 2,49) [...] Significativo è che nel Vangelo di Luca siano proprio queste le prime parole pronunciate da Gesù. Dopo il silenzio nel ventre della Vergine, la prima parola che Luca mette in bocca a Gesù è "Padre". Sarà anche l'ultima Sua parola, pronunciata sulla croce: "Padre, nelle tue mani consegno il mio spirito" (*Lc* 23,46). La paternità di Dio è la lente che ci permette di comprendere tutto ciò che dice e fa Gesù nei Vangeli: ogni azione e ogni parola del Figlio indica la supremazia di Quello che chiama "mio Padre".
>
> Tale paternità, che diventa preghiera del "Padre nostro", prende vita nei rapporti fraterni che abbiamo gli uni con gli altri. Il Concilio vaticano secondo vide nella fraternità umana il più prezioso frutto della paternità di Dio: «Non possiamo invocare Dio come Padre di tutti gli uomini, se ci rifiutiamo

di comportarci da fratelli verso alcuni tra gli uomini che sono creati ad immagine di Dio» (*Nostra Aetate*, 5).[2]

Il Padre è "padre" perché Gesù, secondo il Verbo, è Suo eterno e infinito Figlio, e l'amore fra Padre e Figlio è tale da contenere il frutto di un Altro: lo Spirito Santo.

Il Padre rivelato da Gesù era prodigo d'amore illimitato; più vicino d'ogni genitore terreno, e perciò chiamato *Abbà* (l'affettuosa parola aramaica per designare il proprio padre); inoltre e soprattutto è però "nostro" Padre, che soddisfa tutti i nostri bisogni tramite la protezione e la disposizione della Sua Provvidenza. Non possiamo quindi più vedere Dio che come Padre, che ha fatto di noi i suoi figli adottivi attraverso Suo Figlio e lo Spirito Santo. «E che voi siete figli ne è prova il fatto che Dio ha mandato nei nostri cuori lo Spirito del suo Figlio che grida "Abbà, Padre!"» (*Gal* 4,6).

Già nell'Antico testamento ci vengono fatti scorgere barlumi dell'amore del Padre. «Quando Israele era giovinetto, io l'ho amato e dall'Egitto ho chiamato mio figlio. Ma più li chiamavo, più si allontanavano da me; immolavano vittime ai Baal, agli idoli bruciavano incensi. Ad Efraim io insegnavo a camminare tenendolo per mano, ma essi non compresero che avevo cura di loro. Io li traevo con legami di bontà, con vincoli d'amore; ero per loro come chi solleva un bimbo alla sua guancia; mi chinavo su di lui per dargli da mangiare [...] Come potrei abbandonarti, Efraim, come consegnarti ad altri, Israele?» (*Osea* 11,1-4 e 11,8)

Lo stesso tema viene ripetuto nel Nuovo testamento: «[...] **sarò per voi come un padre**, e voi mi sarete come figli e figlie, dice il Signore onnipotente.» (*2Cor* 6,18)

In entrambi i Testamenti ci viene chiesto di onorare e amare il Padre. Mosè dice agli israeliti: «Così ripaghi il SIGNORE, o popolo stolto e insipiente? **Non è lui il padre che ti ha creato**, che ti ha fatto e ti ha costituito?» (*Deuteronomio* 32,6)

Il profeta Geremia riceve un toccante messaggio Paterno: «Io pensavo: Come vorrei considerarti tra i miei figli e darti una terra invidiabile, un'eredità che sia l'ornamento più prezioso dei popoli! **Io pensavo: Voi mi direte: Padre mio**, e non tralascerete di seguirmi. Ma come una donna è infedele al suo amante, così voi [...] siete stati infedeli a me.» (*Geremia* 3,19-20)

In *Malachia* leggiamo: «Non abbiamo forse tutti noi un solo Padre? Forse non ci ha creati un unico Dio?» (*Mal* 2,10)

Questo Padre dev'essere onorato: «Il figlio onora suo padre e il servo rispetta il suo padrone. Se io sono padre, **dov'è l'onore che mi spetta**? [...] Dice il Signore degli eserciti a voi». (*Mal* 1,6)

Perciò San Paolo dice agli efesini: «[...] io piego le ginocchia davanti al Padre, dal quale ogni paternità nei cieli e sulla terra prende nome, perché vi conceda, secondo la ricchezza della sua gloria, di essere potentemente rafforzati dal suo Spirito nell'uomo interiore. Che il Cristo abiti per la fede nei vostri cuori [...] perché siate ricolmi di tutta la pienezza di Dio.» (*Ef* 3,14-17,19)

Il movimento da e verso il Padre raggiunge un crescendo nella sconvolgente dichiarazione di Gesù nel Vangelo di Giovanni: «**Ma è giunto il momento, ed è questo, in cui i veri adoratori adoreranno il Padre in spirito e verità; perché il Padre cerca tali adoratori.**» (*Gv* 4,23)

Gesù dice: «Ma per questo sono giunto a quest'ora! Padre, glorifica il Tuo nome.» (*Gv* 12,27-8)

Dio va accostato in quanto Padre. La vera adorazione di Dio è l'adorazione del Padre. Il Padre cerca coloro i quali lo adorano in spirito e verità. Ecco il Dio rivelato da Gesù di Nazareth.
Nell'esegesi di *Giovanni* 4,23, Jean Galot scrive che:

> nel dire «è giunto il momento, ed è questo» Gesù dimostra d'esser consapevole dei tempi in cui vive. Si trattava di un momento di trasformazione radicale dell'adorazione, determinata dal progetto stesso di Dio. S'era all'alba di una nuova era della storia religiosa dell'umanità. L'era della collaborazione nazionale nell'adorazione, l'era del tempo dei padri era finita [...]

Era giunto il momento del Padre; era stato Lui, l'unico e solo Padre, a gettare le basi dell'universalità dell'adorazione e della venerazione.

L'adorazione da inaugurarsi veniva prima di qualsiasi adorazione di Dio Padre. Non si trattava più della mera adorazione di un dio [...] Gesù ha chiarito che l'adorazione autentica riconosce il Padre. Il Padre viene visto come molto più vicino all'umanità del Dio dal potere sovrano. Il Padre chiede un'adorazione colma di spirito filiale, più che timoroso. Gesù ha dimostrato che l'adorazione dev'essere una risposta all'amore del Padre [...]

L'adorazione assume ora un aspetto diverso, poiché da qui in avanti rivolta al Padre. Il rapporto sottostante non è più meramente quello di un servo o di uno schiavo verso un padrone onnipotente, o di una creatura verso il creatore, ma di un bambino verso il padre. L'adorazione non può più vedersi appesantita dalla paura e dai tremori, dato che deve esprimere devozione filiale. Ecco il risultato della trasformazione della natura e del clima dell'adorazione [...]

La nuova adorazione viene ispirata dallo Spirito Santo e procede nella verità rivelata da Gesù. La dimensione trinitaria, che implica una distinzione fra le persone divine, dirige più chiaramente l'adorazione alla persona del Padre.

Se l'adorazione liturgica dev'essere indirizzata al Padre, non sarebbe lecito aspettarsi una celebrazione annuale della festa di Dio Padre? Non dovrebbe esistere una festa dedicata al Padre, in modo da attirare maggior attenzione su di Lui e onorare in Lui ciò che riguarda specificamente la Sua paternità?[3]

È accaduto? Così risponde Galot.

[...] il nuovo culto inaugurato da Gesù consiste in una adorazione del Padre: eppure non c'è nessuna giornata nella quale questa adorazione si rivolga più specialmente alla persona del Padre.[4]

#2 LA LITURGIA

L'Eucarestia, dice il *Catechismo della Chiesa cattolica*, è «fonte e culmine di tutta la vita cristiana[1].» La liturgia eucaristica, la messa, è diretta al Padre. Nel *Catechismo* leggiamo: «Nel sacrificio eucaristico, tutta la creazione amata da Dio è presentata al Padre attraverso la morte e la risurrezione di Cristo [...] L'Eucarestia è un sacrificio di ringraziamento al Padre, una benedizione con la quale la Chiesa esprime la propria riconoscenza a Dio per tutti i suoi benefici, per tutto ciò che ha operato mediante la creazione, la redenzione e la santificazione.»[2]

Perché è necessaria una festa del Padre nella nostra adorazione

«Mai nell'intero Nuovo testamento» scrive Louis Bouyer: «Dio, *ho theos*, designa la Trinità – men che meno l'una o l'altra delle tre persone indifferentemente – ma sempre e solo il Padre [...] Lo stesso si trova in tutte le liturgie tradizionali, e soprattutto in quella romana, ove non oscurata dai medievali o dai moderni, e si trova in particolar modo in quel che è il cuore d'ogni liturgia: la grande preghiera eucaristica – ancora una volta, soprattutto nel canone romano. Preme ovviamente aggiungere che ciò non impedisce ai testi, sia biblici sia liturgici, d'essere chiarissimi sull'eguale e indivisibile divinità del Figlio e dello Spirito Santo. Resta però vero che, nella prospettiva chiara dei suddetti testi, il primo oggetto di divinità è *il Padre*, e solo il Padre.»[3] Galot sottolinea l'importanza liturgica del Padre.

[...] il Padre è intervenuto con la sua iniziativa sovrana in tutti gli eventi dell'opera salvifica e non può essere giudicato estraneo all'adempimento del suo disegno divino di liberazione dell'umanità. Egli è anche il primo promotore di tutta la liturgia. Precisamente, in quanto è l'iniziatore di tutta l'opera salvifica e il termine finale del cammino dell'umanità salvata, il Padre dovrebbe essere celebrato. La liturgia deve seguire il movimento essenziale che caratterizza il cammino e il culto di Cristo, che va dal Padre al Padre.»[4]

Cantalamessa indica che «Negli insegnamenti della Chiesa, le feste sono sempre stati i modi privilegiati per permettere a un particolare mistero o evento della storia della salvezza di penetrare nelle vite dei credenti. La conoscenza e la familiarità con lo Spirito Santo non sarebbe sicuramente tanto forte senza la festa della Pentecoste. Le feste sono catechesi viventi, e oggi c'è bisogno urgente di una catechesi del Padre.»[5] Ribatte Galot che l'infrastruttura stessa della liturgia sottolinea l'urgenza di una festa del Padre.

Constatiamo perciò questo paradosso: il Padre, che è all'origine di tutta l'opera di salvezza e ha istituito tutto il fondamento della liturgia, non viene personalmente festeggiato da questa liturgia. Colui che avrebbe il diritto di essere celebrato prima di tutte le altre persone non viene onorato con una festa particolare [...] Abbiamo osservato che il nuovo culto inaugurato da Gesù consiste in una adorazione del Padre: eppure non c'è nessuna giornata nella quale questa adorazione si rivolga più specialmente alla persona del Padre. La constatazione è ancora più sorprendente quando si manifesta nell'umanità di oggi una convinzione crescente del valore della paternità. La festa del "papà" viene celebrata nelle famiglie: molti sentono il bisogno di riconoscere i meriti dei padri di famiglia e di ringraziarli. I cristiani pure, che stimano il valore della paternità insieme a quello della maternità, non venerano in una festa speciale Colui che è all'origine di ogni paternità e di ogni maternità.[6]

#3 LA PATRISTICA

I padri della Chiesa consideravano Dio Padre nel contesto della rivelazione della Santa Trinità. Furono chiari sul fatto che il Padre fosse il principio della divinità nella Trinità, come illustrato negli scritti che vanno dal secondo al quinto secolo.

Ireneo di Lione (130-202)

«Esiste un solo Dio: il Padre, che s'innalza sopra tutto, attraverso tutto, in tutto. Il Padre è infatti sopra tutto, ed è il centro di Cristo. Ma il Verbo è attraverso tutto, ed è il centro della Chiesa. Lo Spirito invece è in noi tutti, ed è l'acqua vivente che il Signore dona a coloro che giustamente credono in Lui e Lo amano, e che sanno che esiste un solo Padre, che s'innalza sopra tutto, attraverso tutto, in tutto.»[1]

Atanasio (295-373)

«Esiste una Trinità, santa e perfetta, riconosciuta come Dio, in Padre, Figlio e Spirito Santo […] Chiunque creda nel Padre sa che il Figlio è nel Padre, e che lo Spirito non esiste fuori del Figlio; e così crede anche nel Figlio e nello Spirito Santo. Dato che la divinità della Trinità è una sola, è nota come l'unico Padre. Ecco il fondamento della fede cattolica […] È una Trinità, e in Essa vi sono Padre e Figlio e Spirito Santo. E v'è un solo Dio, Padre su tutto e attraverso tutto e in tutto, benedetto nei secoli.»[2]

Basilio il Grande (329-379)

«Il Figlio è secondo in ordine dal Padre, perché viene da Lui; e in dignità, perché il Padre è Sua origine e causa, laddove il Padre è Suo Padre, e perché è attraverso il Figlio che si hanno accesso e avvicinamento a Dio Padre. Il Figlio comunque non è secondo al Padre in natura, perché v'è la divinità in entrambi, e chiaramente anche nello Spirito Santo, pur se in ordine e dignità Quest'ultimo è secondo al Figlio, benché, è evidente, non nel senso che sia d'altra natura.»[3]

Sant'Agostino (354-430)

«[…] il Padre è il principio di tutta la Divinità, o, con espressione più esatta, di tutta la deità […] perché non ha origine da null'altro. Il Padre è il principio d'ogni divinità o, per esser più precisi, deità, perché non origina da nient'altro. Non esiste né deriva da nessuno, bensì è da Lui che il Figlio viene generato e da Lui che deriva lo Spirito Santo.»[4]

I dottori della Trinità, per esempio San Tommaso d'Aquino[5], hanno enfatizzato il fatto che il Padre sia «fonte della divinità» nella Trinità. Louis Bouyer osserva che «la Rivelazione a questo punto è piuttosto chiara: il monoteismo cristiano non è esclusivamente né primariamente essenza divina. È monarchia divina, del Padre, l'unico principio di divinità così come di tutto ciò che da Lui deriva.»[6]

Le Chiese d'Oriente e Occidente concordano sulla "monarchia del Padre", come descritta dal Dicastero per la promozione dell'unità dei cristiani: «Il Padre solo è il principio senza principio delle altre due persone della Trinità, l'unica fonte del Figlio e dello Spirito Santo […] Le due tradizioni riconoscono che la "monarchia del Padre" implica che il Padre sia la sola Causa (o Principio) della Trinità del Figlio e dello Spirito Santo.»[7]

#4 I CONCILI

Il ruolo del Padre "nella" Trinità, in riferimento agli attributi divini a Lui "appropriati", è stato definito e ridefinito dai concili della Chiesa.

Oggetto dei sette concili ecumenici e dei credi della Chiesa sono state le dottrine essenziali della Trinità e dell'Incarnazione. I primi concili, quello di Nicea e quello di Costantinopoli, parlarono del Padre in questo contesto. Perciò, in relazione al Padre, il credo di Nicea (325) e quello di Costantinopoli (381) proclamavano: «Crediamo in un solo Dio, Padre onnipotente, creatore del cielo e della terra e di tutte le cose visibili e invisibili.»[1]

I concili successivi elaborarono i rapporti e i ruoli delle tre persone.

Il Concilio lateranense IV (1215) disse: «Crediamo fermamente e confessiamo semplicemente che uno solo è il vero Dio, eterno e immenso, onnipotente, immutabile, incomprensibile e ineffabile, Padre, Figlio e Spirito Santo, tre persone, ma una sola essenza, sostanza o natura semplicissima. Il Padre (non deriva) da alcuno, il Figlio dal solo Padre, lo Spirito Santo dall'uno e dall'altro, ugualmente, sempre senza inizio e senza fine. Il Padre genera, il Figlio nasce, lo Spirito Santo procede. Sono consostanziali e coeguali, coonnipotenti e coeterni.»[2]

Quello di Firenze (1438-1445) si preoccupò di riconciliare gli approcci orientale e occidentale con le processioni intratrinitarie, ed enfatizzò in entrambi che il Padre è "fonte e principio di tutta la deità".

Radunatisi, infatti, i Latini e i Greci in questo sacrosanto concilio ecumenico, gli uni e gli altri hanno posto grande impegno perché, tra le altre cose, con somma diligenza e assidua ricerca fosse discusso anche l'articolo della divina processione dello Spirito santo. Addotte, quindi, le testimonianze scavate dalle divine scritture e da molti passi dei santi dottori orientali ed occidentali, poiché qualcuno dice che lo Spirito santo procede dal Padre e dal Figlio, qualcuno, invece, che procede dal Padre attraverso il Figlio, dato che con diverse formulazioni tutti intendono la medesima realtà, i Greci affermano che dicendo che lo Spirito santo procede dal Padre non intendono escludere il Figlio; ma poiché sembrava loro, come dicono, che i Latini asseriscono che lo Spirito santo procede dal Padre e dal Figlio come da due principi e da due spirazioni, per questo si astengono dal dire che lo Spirito santo procede dal Padre e dal Figlio. I Latini dal canto loro affermano che dicendo che lo Spirito santo procede dal Padre e dal Figlio non intendono escludere che il Padre sia la fonte e il principio di ogni divinità, cioè del Figlio e dello Spirito santo; né vogliono negare che il Figlio abbia dal Padre [il fatto] che lo Spirito santo procede dal Figlio; né ritengono che vi siano due principi o due spirazioni; ma affermano che unico è il principio ed unica la spirazione dello Spirito santo, come finora hanno asserito. E poiché da tutto ciò scaturisce un unico ed identico senso della verità, finalmente con lo stesso senso e con lo stesso significato essi si sono intesi e hanno convenuto nella seguente formula d'unione, santa e gradita a Dio.

Nel nome della santa Trinità, Padre, Figlio e Spirito santo, con l'approvazione di questo sacro ed universale concilio fiorentino, definiamo che questa verità di fede debba essere creduta e accettata da tutti i cristiani; e così tutti debbono professare che lo Spirito santo è eternamente dal Padre e dal Figlio, che ha la sua essenza e l'essere sussistente ad un tempo dal Padre e dal Figlio, e che dall'eternità procede dall'uno e dall'altro come da un unico principio e da un'unica spirazione; e dichiariamo che quello che affermano i santi dottori e padri – che lo Spirito santo procede dal Padre per mezzo del Figlio, – tende a far comprendere che anche il Figlio come il Padre è causa, secondo i Greci, principio, secondo i Latini, della sussistenza dello Spirito santo.

E poiché tutto quello che è del Padre, lo stesso Padre lo ha dato al Figlio con la generazione, meno l'essere Padre; questa stessa processione dello Spirito santo dal Figlio l'ha dall'eternità anche il Figlio dal Padre, da cui è stato pure eternamente generato.3

Il catechismo promulgato dal Concilio di Trento (1545-1563) contemplava la "fecondità del Padre".

Tuttavia colui il quale crede per divina grazia a tali verità preghi assiduamente e scongiuri Dio Padre, che dal nulla trasse l'universo, tutto disponendo dolcemente (Sap 8,1), che ci concesse la capacità di divenire figli di Dio (Gv 1,12) e all'umana intelligenza discoprì il mistero trinitario. Preghi, dico, affinché accolto un giorno nei tabernacoli eterni (Lc 16,9), sia degno di scorgere questa meravigliosa fecondità di Dio Padre, che, intuendo e comprendendo se stesso, genera un Figlio, pari e uguale a se stesso; di contemplare come l'identico Amore di carità dei due, che è lo Spirito Santo, procedente dal Padre e dal Figliolo, stringe reciprocamente, con eterno e indissolubile vincolo, il Genitore e il Generato; come infine si attui così, nella divina Trinità, l'unità di essenza e la perfetta distinzione delle tre Persone.4

La comprensione della Chiesa di Dio Padre raggiunge l'apice nel Concilio vaticano secondo (1962-1965). In *Lumen Gentium* si proclama il Padre come autore e regista dell'intero progetto di creazione e salvezza.

The eternal Father, by a free and hidden plan of His own wisdom and goodness, created the whole world. His plan was to raise men to a participation of the divine life. Fallen in Adam, *God the Father did not leave men to themselves, but ceaselessly offered helps to salvation,* in view of Christ, the Redeemer "who is the image of the invisible God, the firstborn of every creature". All the elect, before time began, *the Father "foreknew and pre-destined to become conformed to the image of His Son,* that he should be the firstborn among many brethren". *He planned to assemble in the holy Church all those who would believe in Christ.* Already from the beginning of the world the foreshadowing of the Church took place. It was prepared in a remarkable way throughout the history of the people of Israel and by means of the Old Covenant. In the present era of time the Church was constituted and, by the outpouring of the Spirit, was made manifest. At the end of time it will gloriously achieve completion, when, as is read in the Fathers, all the just, from Adam and "from Abel, the just one, to the last of the elect," *will be gathered together with the Father in the universal Church.*

The Son, therefore, came, sent by the Father. It was in Him, before the foundation of the world, that the Father chose us and predestined us to become adopted sons, for in Him it pleased the Father to re-establish all things. To carry out the will of the Father, Christ inaugurated the Kingdom of heaven on earth and revealed to us the mystery of that kingdom. By His obedience He brought about redemption. The Church, or, in other words, the kingdom of Christ now present in mystery, grows visibly through the power of God in the world. This inauguration and this growth are both symbolized by the blood and water which flowed from the open side of a crucified Jesus, and are foretold in the words of the Lord referring to His death on the Cross: "And I, if I be lifted up from the earth, will draw all things to myself".

As often as the sacrifice of the cross in which Christ our Passover was sacrificed, is celebrated on the altar, the work of our redemption is carried on, and, in the sacrament of the eucharistic bread, the unity of all believers who form one body in Christ is both expressed and brought about. All men are called to this union with Christ, who is the light of the world, from whom we go forth, through whom we live, and toward whom our whole life strains.

When the work which the Father gave the Son to do on earth was accomplished, the Holy Spirit was sent on the day of Pentecost in order that He might continually sanctify the Church, and thus, all those who believe would have access through Christ in one Spirit to the Father. He is the Spirit of Life, a fountain of water springing up to life eternal.) To men, dead in sin, the Father gives life through Him, until, in Christ, He brings to life their mortal bodies. The Spirit dwells in the Church and in the hearts of the faithful, as in a temple. In them He prays on their behalf and bears witness to the fact that they are adopted sons. The Church, which the Spirit guides in way of all truth and which He unified in communion and in works of ministry, He both equips and directs with hierarchical and charismatic gifts and adorns with His fruits. By the power of the Gospel He makes the Church keep the freshness of youth. Uninterruptedly He renews it and leads it to perfect union with its Spouse. The Spirit and the Bride both say to Jesus, the Lord, "Come!"

Thus, the Church has been seen as 'a people made one with the unity of the Father, the Son and the Holy Spirit.' …

In this way the Church both prays and labors in order that the entire world may become the People of God, the Body of the Lord and the Temple of the Holy Spirit, and *that in Christ, the*

*Head of all, all honor and glory may be rendered to the Creator and
Father of the Universe. ... Christ, becoming obedient even unto death
and because of this exalted by the Father,* entered into the glory
of His kingdom. To Him all things are made subject until *He
subjects Himself and all created things to the Father that God may be
all in all.* [5]

With this dramatic declaration, the Council has drawn the atten-
tion of the faithful to the scriptural and theological foundations
underlying the institution of a feast celebrating the primordial role of
the Father in salvation history.

#5 I PAPI

I pontificati di San Giovanni Paolo II, Benedetto XVI e Francesco si sono concentrati sul ruolo del Padre più di qualsiasi altro pontificato della storia. Potremmo anche spingerci a chiamarli pontificati patriarcali.

Le loro profonde meditazioni su Dio Padre continuano il percorso di sviluppo proposto dalla *Lumen Gentium*.

Papa San Giovanni Paolo II

A cominciare dal Figlio, il riflesso del Nuovo testamento e la teologia che vi si basa hanno collegato il mistero della "paternità" di Dio. È il Padre, che è principio assoluto della vita trinitaria, Colui il quale non ha origine e da Cui scorre la vita divina. L'unità delle tre persone è condivisione di un'unica essenza divina, ma nel dinamismo dei reciproci rapporti, che hanno fonte e fondamenta nel Padre. [1]

Tutta la vita cristiana è come un grande pellegrinaggio verso la casa del Padre, di cui si riscopre ogni giorno l'amore incondizionato per ogni creatura umana, ed in particolare per il "figlio perduto". [2]

Papa Benedetto XVI

In quanto Padre, Dio ha due dimensioni. Innanzitutto Dio è nostro Padre perché è il nostro Creatore. Ciascuno di noi, ciascun uomo e ciascuna donna, è un miracolo di Dio, da Lui è voluto e da Lui è personalmente conosciuto […] Tuttavia ciò ancora non basta. Lo

Spirito di Cristo ci apre a una seconda dimensione della paternità di Dio, oltre la creazione, dato che Gesù è il "Figlio" nel pieno senso di «della stessa sostanza del Padre», come professiamo nel Credo. Divenuto essere umano come noi, con l'Incarnazione, la morte e la Resurrezione, a sua volta, Gesù ci accetta nella sua umanità e persino nel suo esser Figlio, di modo che possiamo anche noi entrare nella Sua appartenenza specifica a Dio [...] È la realtà fondamentale che ci viene svelata quando ci apriamo allo Spirito Santo, e ci induce a rivolgerci a Dio dicendo "Abbà, Padre".[3]

Dio è nostro Padre, e ci dà Suo Figlio; Dio è nostro Padre, e perdona il nostro peccato e ci dà gioia nella vita eterna; Dio è nostro Padre, e ci dona lo Spirito che ci rende suoi figli e ci permette di chiamarlo, in verità, «Abbà! Padre!» (*Rm* 8,15). È per questa ragione che Gesù, insegnandoci a pregare, c'invita a dire «Padre nostro» (*Mt* 6,9-13; *Lc* 11,2-4). La paternità di Dio è dunque amore infinito, tenerezza che si china su di noi, fragili figli, bisognosi di tutto.[4]

Lo Spirito è anche forza che trasforma il cuore della Comunità ecclesiale, affinché sia nel mondo testimone dell'amore del Padre, che vuole fare dell'umanità, nel suo Figlio, un'unica famiglia.[5]

Papa Francesco

[Papa Francesco apre la bolla papale *Misericordiae Vultus (Il volto della misericordia)* con l'annuncio che «Gesù Cristo è il volto della misericordia del Padre». Per l'anno del Giubileo straordinario del 2015, venne scelto come motto "Misericordioso come il Padre".]

Chiamare Dio col nome di "Padre" non va dato per scontato. Siamo tentati d'usare titoli più alti che ne rispettino la trascendenza. Ma chiamarlo "Padre" ci mette in confidenza con Lui, come un bambino che parli al padre sapendosi da lui amato e curato [...] Dio è Padre a modo Suo: buono, inerme di fronte al libero arbitrio dell'uomo, capace solo di coniugare il verbo "amare".[6]

Il primo passo di ogni preghiera cristiana è l'ingresso nel mistero – quello della *paternità di Dio* [...] Che si entri nel mistero, nella consapevolezza che Dio è nostro Padre, o che non si preghi [...] La bramosia d'amore da tutti noi provata non è desiderio dell'inesistente, ma l'invito a conoscere Dio: il Padre. [7]

Possiamo dire che la preghiera cristiana si leva dal coraggio di rivolgersi a Dio col nome di "Padre". Ossia di dire "Padre" a Dio. Ma ci vuole coraggio! Non è tanto questione di formule, quanto dell'intimità filiale alla quale siamo introdotti dalla grazia: Gesù il rivelatore del Padre, è Lui ad accordarci quest'intimità col Padre.[8]

#6 LA TEOLOGIA

Teologicamente, come dimostrato dalla *Lumen Gentium*, è chiaro che il progetto della creazione e della salvezza origina dal Padre.

L'intera Bibbia è la storia dell'umanità che volta le spalle al Padre per poi tornare a Lui. Il Padre ci cerca attraverso patriarchi e profeti, apostoli ed evangelisti, e infine tramite il Figlio e lo Spirito. Il tema fondamentale è l'amore del Padre per noi. «Dio infatti ha tanto amato il mondo da dare il Figlio unigenito, perché chiunque crede in lui non vada perduto, ma abbia la vita eterna.» (*Gv* 3,16) «Dio è amore. In questo si è manifestato l'amore di Dio in noi: Dio ha mandato nel mondo il suo Figlio unigenito, perché noi avessimo la vita per mezzo di lui. [10]In questo sta l'amore: non siamo stati noi ad amare Dio, ma è lui che ha amato noi e ha mandato il suo Figlio come vittima di espiazione per i nostri peccati.» (1*Gv* 4,8-10)

Gesù è venuto perché conoscessimo il Padre, andassimo al Padre e divenissimo figli del Padre.

Nessuno conosce il Figlio se non il Padre, e nessuno conosce il Padre se non il Figlio e colui al quale il Figlio vorrà rivelarlo. (*Mt* 11,27)

Nessuno viene al Padre se non per mezzo di me. (*Gv* 14,6)

Vedete quale grande amore ci ha dato il Padre per essere chiamati figli di Dio. (1*Gv* 3,1)

Affinché siate figli del Padre vostro che è nei cieli. (*Mt* 5,45)

È attraverso lo Spirito Santo che diventiamo figli dell'Abbà Padre nostro.

E che voi siete figli lo prova il fatto che Dio mandò nei nostri cuori lo Spirito del suo Figlio, il quale grida: "Abbà! Padre!

(*Gal* 4,6)

Infatti tutti quelli che sono guidati dallo Spirito di Dio, questi sono figli di Dio […] Avete ricevuto lo Spirito che rende figli adottivi, per mezzo del quale gridiamo: "Abbà! Padre!" (*Rm* 8,14-15)

Il Padre non può esser considerato altro che in relazione al Figlio e allo Spirito. Da tutta l'eternità, il Padre dona tutto ciò che è al Figlio, il Figlio riceve tutto ciò che è dal Padre e il loro comune amore "respira" tramite lo Spirito.

Nel Nuovo testamento, il battesimo di Gesù e la Sua trasfigurazione implicano messaggi diretti del Padre. Tanto che nella Chiesa ortodossa etiope la trasfigurazione viene celebrata come festa del Padre.

Malgrado però le Scritture, non abbiamo una teologia del Padre paragonabile alla cristologia o alla pneumatologia. Galot scrive:

La teologia di Dio Padre è molto meno sviluppata di quella di Cristo e di quella dello Spirito Santo. È significativo che, mentre i termini "cristologia" e "pneumatologia" vengono sempre più usati per designare elaborazioni dottrinali relative a Cristo e allo Spirito Santo, non si abbia alcun termine che denoti specificamente la dottrina relativa a Dio Padre […]

La definizione del Figlio incarnato implica una distinzione fra la persona divina del Figlio e la persona divina del Padre. Ciò apre la strada a un'ampia prospettiva teologica, nella quale il Padre sia pensato e studiato più accuratamente nella sua distinta personalità […]

L'esperienza della vita terrena del Figlio incarnato è il punto di partenza della teologia del Padre. Una teologia che deve sforzarsi di spiegare tutto ciò che d'implicito vi è nell'invocazione «Abbà», e di tradurre in pronunciamento dottrinale la maniera in cui Gesù percepiva il Padre e a Lui s'avvicinava nel dialogo.

La teologia del Padre ha le sue origini nell'esperienza di Gesù.

Ma deriva anche dall'esperienza filiale cui sono invitati tutti i cristiani. L'appellativo "Abbà" è da prendersi con serietà. Non può consistere nella mera ripetizione di un'invocazione, ma deve implicare consapevolezza profonda del rapporto col Padre, e desiderio di conoscerLo meglio [...]

Possiamo infatti ben chiederci se questo mancato progresso della teologia del Padre non derivi essenzialmente dalla mancanza di atteggiamento filiale nella vita cristiana. La teologia riflette la vita [...]

L'appellativo "Abbà" che incantò i primi cristiani è divenuto un ricordo registrato dalle lettere di Paolo, una testimonianza del passato troppo echeggiata o condivisa dalla preghiera dei cristiani odierni. Ovviamente la consapevolezza d'avere un vero Padre in paradiso non è mai stata assente dalla psiche cristiana. Tuttavia non è scrupolosa come richiederebbe la rivelazione del Vangelo.

Un approfondimento di questa consapevolezza rafforzerebbe il desiderio di scoprire il Padre, e stimolerebbe gli sforzi di conoscere più in profondità la Sua persona divina. Incoraggerebbe l'elaborazione di una teologia del Padre legata alla personalità specificamente cristiana, la personalità di un figlio o di una figlia del Padre.[1]

Malgrado la mancanza di avanzamento teologico, dobbiamo almeno riconoscere il ruolo del Padre nella salvezza.

« Precisamente, in quanto è l'iniziatore di tutta l'opera salvifica e il termine finale del cammino dell'umanità salvata, il Padre dovrebbe essere celebrato» afferma Galot. «La liturgia deve seguire il movimento essenziale che caratterizza il cammino e il culto di Cristo, che va dal Padre al Padre.»[2]

#7 L'ANTROPOLOGIA

Due concetti antropologici fondamentali della società moderna – quello dell'individuo e quello della famiglia nucleare – sono nati dalle affermazioni della teologia cristiana, dalla "fede che cerca la comprensione". Adesso siamo sul ciglio dell'ennesima svolta antropologica, scaturita da una comprensione più profonda di Dio come Padre.

Il concetto dell'individuo fu frutto dei concili che articolarono la dottrina della Trinità. «Il nostro concetto di persona fu forgiato dalle controversie teologiche sulla Trinità» scrive il logico Peter Geach.[1] L'idea della famiglia nucleare si lega alla devozione alla Sacra famiglia. «Fin più o meno all'inizio del diciassettesimo secolo […] la parola "famiglia" veniva usata nel senso di "abitazione", e si riferiva a tutte le persone sotto l'autorità del padrone di casa, inclusi servi e parenti […] Durante la prima parte del diciassettesimo secolo, crescente attenzione venne data alla famiglia di Gesù, Maria e Giuseppe […] Nella prima metà del diciassettesimo secolo si cominciò a guardare a Nazareth per capire come vivere una vita di famiglia.»[2]

Sulla stessa scorta di questi progressi, la dichiarazione della festa di Dio Padre avrà un impatto rivoluzionario sulla società moderna, data la confusione attuale sulla struttura stessa dell'esistenza umana. Idee inerentemente incoerenti su transgender e transumanesimo, il continuo collasso della famiglia e degli ecosistemi sessuali e l'addio alla cristianità come sistema di egemonia patriarcale hanno le loro radici in fraintendimenti fondamentali – con conseguenze distruttive. Il ritorno al vero significato e alle vere implicazioni della rivelazione di Dio come *Abbà* – celebrato in una festa – ci porterà oltre queste puerili polemiche, verso una nuova e dinamica visione, per un futuro di vantaggi spirituali e sociali.

I tempi sono maturi per la festa, perché i pensatori moderni hanno contribuito a separare le verità trascendenti sottostanti alla rivelazione di Dio Padre dagli schemi di pensiero convenzionali che ne hanno oscurato l'esplosivo cambiamento di paradigma che porta con sé. Mentre cerchiamo di bilanciare nuove comprensioni con una consapevolezza veramente umana, riconosciamo oggi che l'idea di Dio come Padre è necessariamente più ampia e profonda dei fattori condizionanti del sesso o del genere. Sappiamo che lo Spirito, eterno e infinito, sicuramente non ha genere, e dobbiamo diventar più consapevoli che il concetto di "Padre" è integrale all'onnicomprensiva nozione di "parentela" fra il Creatore e le Sue creature, ma non possiamo – solo perché la nostra comprensione si è ampliata – ignorare proficuamente la realtà che la mascolinità protettiva e premurosa ha sempre identificato con la paternità. In quel contesto, ogni parentela viene espressa in termini familiari, e "relazione" giace al cuore dell'esistenza – non siamo individui atomici, ma siamo nati nella relazione, attraverso la relazione e per la relazione. Infine, le nostre stesse famiglie – e pure la famiglia umana – hanno lo scopo di riflettere la Famiglia che è Dio. I nomi che utilizziamo nelle famiglie umane – così come nella Famiglia divina – sono relativi ai ruoli che ricopriamo (padre, madre, figlio), ciascuno con la sua dignità unica, senza nozioni di superiorità o inferiorità («Tutti voi infatti siete figli di Dio mediante la fede in Cristo Gesù […] Non c'è Giudeo né Greco; non c'è schiavo né libero; non c'è maschio e femmina, perché tutti voi siete uno in Cristo Gesù.» (*Gal* 3,26-28).

Ecco le svolte che verranno cristallizzate nella festa di Dio Padre.

A Cambridge, la teologa Janet Soskice Smith, femminista, indica opportunamente: «Non possiamo, senza responsabilità testuali, sfogliare il Nuovo testamento e sostituire ogni singolo riferimento a Dio come "Padre" con "Madre", o integrare ogni riferimento a "figlio" e "fratello" con "figlia" e "sorella" [...] Gli autori biblici usavano molti termini connotati nel genere non perché fossero interessati alla sessualità, ma perché erano molto interessati alle parentele e ai termini a esse riferiti, che, nella maggior parte delle lingue naturali, sono connotati nel genere. I titoli di parentela sono titoli d'intimità, di rapporti di sangue [...] Il testo dà e toglie, perché è di fronte alla sua improbabilità che noi, creature, dovremmo essere consanguinei di Dio [...] I titoli di parentela sono reciproci – se io sono tuo parente allora tu sei mio parente. Un tempo si aveva un fratello o una sorella, si era un fratello o una sorella [...] Dichiarare che Dio è nostro Padre e Cristo nostro fratello consiste perciò nell'affermare con forza qualcosa non solo su Dio ma anche su noi stessi [...] Noi – l'intera umanità, forse l'intera "carne" – siamo diventati "parenti di Cristo", una famiglia di "figli unigeniti".»[3]

Sulla stessa scorta, il fenomenologo ermeneutico Paul Ricoeur dice: «L'audacia [dell'atto d'appellare Dio come *Abbà*] è possibile perché è cominciato un tempo nuovo [...] Ben poco facile è perciò appellare Dio come fosse un padre, lungo le linee di ricaduta nell'arcaismo, è raro, difficile e coraggioso, perché è profetico, diretto verso il compimento invece che verso le origini. Non guarda indietro a un grande avo, ma in avanti, in direzione d'una nuova intimità sul modello della conoscenza del figlio [...] C'è un padre perché c'è una famiglia, non il contrario.»[4]

Lo psicologo Paul Vitz spiega perché il riconoscimento di Dio come Padre è fondamentale per un'identità salutare – maschile o femminile che sia.

La nostra prima preoccupazione è qui relativa al significato psicologico del concetto di paternità di Dio. Per capirci, illustriamo ora i principali modelli e interpretazioni della sessualità. Probabilmente il modello sessuale più comune di tutti è quello di sfruttamento, in cui gli uomini hanno tradizionalmente dominato e approfittato delle donne. Modello che giustamente è stato criticato, soprattutto dalle femministe [...] Lo chiamerò modello di sfruttamento. Per tutto il corso del mondo, gli uomini hanno dominato e sfruttato le donne in tutte le società di cui vi sia testimonianza storica [...]

Il secondo modello è ciò che già è stato definito unisex, o androgino. Si tratta di una comprensione della sessualità come fondamentalmente arbitraria, ove maschio e femmina non solo sono equivalenti ma grosso modo intercambiabili – fatta eccezione per alcune differenze minori nei genitali esterni e associate al piacere sensoriale [...] Ma la logica che relativizza il sesso di ogni individuo relativizza anche il potere di quello stesso individuo. Ossia, il potere può ora esser utilizzato al servizio del piacere senza più vincoli. In breve, se si ha potere si possono evitare le conseguenze dello sfruttamento sessuale [...] Nella situazione androgina lo sfruttamento esiste in un vuoto filosofico che risucchia tutto [...]

Il terzo modello, che ritengo il modello tradizionale cristiano, verrà definito come complementare. Qui mascolinità e femminilità vengono viste come differenze importanti e positive, nonché fondamentali alla realtà e alla natura di ciascuna persona. Dio ci ha creati maschio e femmina, e vide che era buono. L'enfasi sulla realtà e sull'importanza delle differenze sessuali contrasta con l'androginia. Mascolinità e femminilità vengono viste come cooperanti in maniera reciprocamente utile. Contrasta anche col modello di sfruttamento [...] Ciò che cercherò di dimostrarvi oggi è come il significato psicologico della paternità di Dio contribuisce a mantenere una comprensione complementare dei sessi, sia per gli uomini sia per le donne [...]

La risposta alla psicologia sciovinista, donata da Dio Padre, è lampante nella vita di Gesù. L'atteggiamento di Gesù viene ben descritto come quello del leader servente [...] Quella del leader servente è l'unica modalità di leadership che conosco abbastanza forte da rimuovere il peccato della psicologia del maschio sfruttatore. Dio Padre così vi compare esplicitamente nelle Scritture [...]

Il punto fondamentale del modello cristiano di Dio come Padre è che permette a un maschio d'identificarsi con forza e positività nei modi virili d'affrontare la vita, ma ne toglie la tipica punta d'egoismo – chiamato dagli psicologi "narcisismo" – mettendo le abilità maschili al servizio degli altri [...] Dio Padre [...] dona agli uomini un modello con cui identificarsi, anche se i loro stessi padri sono stati inadeguati. Perciò il modello di Dio Padre è un fondamentale sostegno psicologico a quest'essenziale bisogno mascolino [...]

Come migliorare la femminilità la paternità di Dio? In modo analogo, credo: attraverso l'amore e il sostegno, un buon padre migliora l'identità sessuale delle figlie. Svariate ricerche hanno dimostrato che le femmine cresciute senza padre tendono a esser meno sicure della loro amabilità e della loro femminilità [...] Per quanto invece concerne l'identità della donna, come può dubitare della sua femminilità, del suo essere donna, quando questi tratti le vengono riconosciuti e onorati direttamente dall'amore di Dio, il Padre?[5]

Parlando della prima persona della Trinità come di un Padre, usiamo un'analogia sia metaforica (accidentale) sia propria (essenziale).

Il teologo morale Benedict Ashley osservava che nel paragone dell'atto creativo di Dio e del ruolo del maschio umano nella procreazione «l'analogia è meramente metaforica, dato che l'inseminazione è intrinseca nel maschio umano ma non in Dio, che crea ex nihilo, e dunque la somiglianza è meramente estrinseca e accidentale. Ma se ci astraiamo dalla dipendenza riproduttiva del maschio umano con la femmina umana che insemina e usiamo il termine "Padre" come analogia al Dio che crea dal nulla, passiamo a un'analogia propria, dato che il punto di confronto (agente attivo) è essenziale e intrinseco sia del padre umano sia del Padre divino, seppur si tratti di tipi molto diversi [...] L'appellativo di "Padre" per Dio in alcun modo implica che sia maschio, ma solo che, come nostro padre, ci ha dato la vita e ci ama e protegge, così come fa Dio.» Aggiungeva anche che il termine "Padre" è appropriato "nella" Trinità, perché NON va paragonato il "padre umano" in quanto "causa efficiente del figlio" a Dio in quanto "causa efficiente dell'universo". Stiamo piuttosto dicendo che «Come il padre umano è principio di suo figlio, così la prima persona, Dio Padre, è principio della seconda persona, il Figlio di Dio.»[6]

La festa del Padre sottolineerà anche l'importanza cruciale della Trinità nella comprensione della famiglia. I Papi Giovanni Paolo II, Benedetto XVI e Francesco hanno tutti parlato della famiglia come fatta a immagine della Trinità.

Giovanni Paolo scrisse che «L'umanità rispecchia Dio nella famiglia».[7] Perché «Dio, nel suo mistero più intimo, non è solitudine, bensì una famiglia, dato che ha in sé paternità, filiazione e l'essenza della famiglia che è l'amore.»[8] Benedetto ha detto: «Tra le diverse analogie dell'ineffabile mistero di Dio Uno e Trino che i credenti sono in grado di intravedere, vorrei citare quella della famiglia. Essa è chiamata ad essere una comunità di amore e di vita, nella quale le diversità devono concorrere a formare una "parabola di comunione"»[9] Stando a Francesco: «Dio è una "famiglia" di tre persone che si amano così tanto da crearne una sola.»[10]

Il cardinale Joseph Ratzinger, futuro Benedetto XVI, avvertì però che la perdita della paternità e della maternità è una delle minacce maggiori dei nostri tempi: Dio stesso «desiderava manifestarsi e descriversi come Padre [...] La paternità umana ci dona un'anticipazione di cos'è Lui. Ma quando questa paternità non esiste, quando viene esperita solo come fenomeno biologico privato della sua dimensione umana e spirituale, ogni affermazione su Dio Padre risulta vuota. La crisi della paternità che viviamo oggi è un elemento, forse il più importante, che minaccia l'uomo nella sua umanità. La dissoluzione della paternità e della maternità è legata al nostro essere figli e figlie.»[11]

Nel 1921 Benedetto XV istituì la festa della Sacra famiglia, affermando in *Bonum Sane* che «il futuro della società dipende dalla famiglia» e «l'imitazione della Sacra famiglia è il mezzo principale per rafforzare la vita di famiglia.» Fu questa festa a contribuire a stabilire una devozione universale per la Sacra famiglia.

Allo stesso modo, oggi l'istituzione della festa del Padre restaurerebbe e rigenerebbe la paternità, la maternità e la famiglia a un grado senza precedenti. Sarebbe significativo in termini sia teologici sia antropologici.

#8 I MILLENNI

Dato lo slancio a livello biblico, liturgico, patristico, conciliare, papale, teologico e antropologico, forse abbiamo raggiunto «la pienezza del tempo» per una festa per *Abbà*, Padre della famiglia umana.

Il primo millennio cristiano è stato il tempo in cui abbiamo approfondito la conoscenza del Figlio. Nel secondo siamo giunti a una maggiore comprensione dello Spirito. Ora, nel terzo millennio, siamo pronti a conoscere, amare e onorare più pienamente il Padre da Cui viene ogni cosa. Il modo più appropriato di tentare questo sforzo sarebbe quello d'istituire una festa del Padre. Come notato da Cantalamessa, «le feste sono la forma più alta e solenne di proclamare la propria fede, perché tutti vi partecipano insieme.»

Nel 1899 Papa Leone XIII consacrò il mondo al Santissimo cuore di Gesù. I Papi Pio XII (1942), San Paolo VI (1964) e San Giovanni Paolo II (1984) lo consacrarono al Cuore immacolato di Maria – nel 2022 Papa Francesco v'ha consacrato specificamente Russia e Ucraina.

La Chiesa consacra anche specifici periodi di tempo. Pio XII (1954) e San Giovanni Paolo II (1987-88) dichiararono gli Anni mariani. Francesco proclamò il 2015-2016 Anno santo della misericordia e il 2020-2021 Anno di San Giuseppe. In preparazione al Giubileo del 2000, San Giovanni Paolo II aveva proclamato il 1997 come Anno di Gesù Cristo, il Verbo di Dio; il 1998 come l'Anno dello Spirito santo; e il 1999 come l'Anno del Padre. Quest'ultimo era stato pensato perché i credenti vedessero tutto *nella prospettiva del «Padre vostro che è nei cieli»*: (*Mt* 5,45), da Cui il Signore è stato mandato e a Cui è tornato (*Gv* 16,28).

Degna di nota è anche la consacrazione di Leone XIII del XX secolo allo Spirito santo sotto sprone della Beata Elena Guerra (ora approvata per la canonizzazione): «Nella sua nona lettera al Papa, il 15 ottobre del 1900, Elena lo implorò di esortare i cattolici a pregare per il nuovo secolo e a porlo sotto il segno dello Spirito Santo: "Padre santissimo, faccio umilmente ma con sicurezza presente a Sua Santità che il nuovo secolo deve cominciare con l'inno Veni Creator Spiritus, da cantarsi al principio della Messa del primo giorno dell'anno." E il 1° gennaio del 1901, il primo del primo anno del ventesimo secolo, Papa Leone intonò il Veni Creator Spiritus nel nome dell'intera Chiesa.»[1]

Ed è risaputo che Papa San Giovanni XXIII invocò una discesa dello Spirito nella preghiera d'apertura del Concilio vaticano secondo: «Rinnova le Tue meraviglie in questo nostro giorno, come in una nuova Pentecoste» (per coincidenza, fu proprio San Giovanni XXIII a beatificare suor Elena Guerra, definendola "apostola dello Spirito Santo").

Entrambe le invocazioni papali allo Spirito Santo ebbero come conseguenza una maggior consapevolezza del ruolo dello Stesso in tutto il mondo cristiano del Ventesimo secolo.

E adesso che entriamo non in un nuovo secolo, ma addirittura in un nuovo millennio, ci viene data l'opportunità di scoprire il Padre in tutta la sua pienezza.

Il calendario redatto per l'anno del Giubileo del 2000 – l'Anno del Figlio, poi dello Spirito Santo e, infine, del Padre – potrebbe leggersi anche come controparte dei tre millenni cristiani.

Nel primo abbiamo "scoperto" il Figlio attraverso i sette concili ecumenici, nel secondo siamo giunti a riconoscere l'opera dello Spirito Santo e adesso, nel terzo millennio, abbiamo modo di riconoscere il ruolo del Padre nella storia della salvezza celebrando una festa in Suo onore, e consacrando a Lui il mondo.

Questa consacrazione del mondo al Padre è appropriata, vista quella di Papa Leone XIII del mondo al Figlio (1899) e poi allo Spirito Santo (1901). La consacrazione al Padre completerebbe la sequenza trinitaria.

#L'ECUMENISMO

Natale, Pasqua e Pentecoste sono le tre feste celebrate dai cristiani di quasi ogni denominazione – ovviamente perché riguardano Gesù e lo Spirito Santo.

C'è quindi da aspettarsi che i cristiani più ortodossi e protestanti diano il benvenuto alla festa del Padre, data la Sua centralità nel Nuovo testamento.

Qui infatti il battesimo e la trasfigurazione di Gesù vedono anche messaggi diretti da parte del Padre. Anzi, come abbiamo visto, la trasfigurazione viene celebrata con una festa del Padre dalla Chiesa ortodossa etiope.

Galot sottolinea le dimensioni ecumeniche di una festa in onore del Padre.

Il "Padre nostro" è la preghiera ecumenica per eccellenza. Dato che raccoglie insieme i nostri fratelli separati, la festa di Dio Padre dovrebbe contribuire a quest'unione. L'omaggio reso al Padre tramite essa potrebbe venir condiviso da cristiani di tutte le denominazioni.

Istituire una fetsa in onore di Dio Padre sarebbe sicuramente un passo avanti verso la riunione dei cristiani. Questo ruolo unificatore è al cuore della nostra venerazione di Dio Padre: i cristiani non possono pregare il proprio Padre celeste senza sentirsi più vicini gli uni con gli altri, appartenenti alla stessa famiglia spirituale. La festa sarebbe simbolo d'unità cristiana, e darebbe uno slancio potente a una riconciliazione.

Potrebbe inoltre avere ripercussioni oltre i confini della cristianità – ovunque la paternità umana viene onorata. Risponderebbe alla profonda aspirazione spesso manifestata da svariate religioni: a guardare a Dio come a un Padre. La festa disseminerebbe quindi la gioia di trovare in Dio, il padre di Gesù Cristo, un Padre per ogni individuo umano.[1]

Cantalamessa indica che
> I cristiani darebbero sicuramente grande gioia al Signore risorto se fossero in grado di compiere questo progetto "ecumenicamente", ossia concordando con tutte le Chiese favorevoli di celebrare, d'unico accordo, la festa del Padre lo stesso giorno.[2]

Ma soprattutto una festa del Padre sarebbe un passo importantissimo in direzione dell'obiettivo di unità cristiana fissato dal Concilio vaticano II.

Il decreto sull'ecumenismo *Unitatis Redintegratio* dice
> Tale divisione non solo si oppone apertamente alla volontà di Cristo, ma è anche di scandalo al mondo e danneggia la più santa delle cause: la predicazione del Vangelo ad ogni creatura.

> Ora, il Signore dei secoli, il quale con sapienza e pazienza persegue il disegno della sua grazia verso di noi peccatori, in questi ultimi tempi ha incominciato a effondere con maggiore abbondanza nei cristiani tra loro separati l'interiore ravvedimento e il desiderio dell'unione. Moltissimi uomini in ogni dove sono stati toccati da questa grazia, e tra i nostri fratelli separati è sorto anche per grazia dello Spirito Santo un movimento che si allarga di giorno in giorno per il ristabilimento dell'unità di tutti i cristiani. A questo movimento per l'unità, che è chiamato nuovamente ecumenico, partecipano quelli che invocano la Trinità e confessano Gesù come Signore e Salvatore, e non solo presi a uno a uno, ma anche riuniti in

comunità […]

Siccome oggi, sotto il soffio della grazia dello Spirito Santo, in più parti del mondo con la preghiera, la parola e l'azione si fanno molti sforzi per avvicinarsi a quella pienezza di unità che Gesù Cristo vuole, questo santo Concilio esorta tutti i fedeli cattolici perché, riconoscendo i segni dei tempi, partecipino con slancio all'opera ecumenica […]

[Questo santo Concilio] dichiara d'essere consapevole che questo santo proposito di riconciliare tutti i cristiani nell'unità di una sola e unica Chiesa di Cristo, supera le forze e le doti umane. Perciò ripone tutta la sua speranza nell'orazione di Cristo per la Chiesa, nell'amore del Padre per noi e nella potenza dello Spirito Santo. «La speranza non inganna, poiché l'amore di Dio è largamente diffuso nei nostri cuori per mezzo dello Spirito Santo che ci fu dato» (*Rm* 5, 5).[3]

Il decreto specifica che è «il Signore dei secoli», il Padre, che «ha incominciato a effondere […] nei cristiani tra loro separati l'interiore ravvedimento e il desiderio dell'unione.» E conclude che il raggiungimento di quest'obiettivo non proviene da «doti umane», ma dalla preghiera di Cristo per la Chiesa, dal potere dello Spirito Santo e dall'«amore del Padre per noi […] largamente diffuso nei nostri cuori».

La festa del Padre, sempre invocata da cristiani di ogni denominazione nella preghiera al Signore, darebbe un impulso unico al raggiungimento di uno stato in cui «tutti siano una cosa sola».

La festa del Padre segnerebbe anche un passaggio irrevocabile nei rapporti interreligiosi.

Non possiamo dimenticare le commoventi parole del *Nostra Aetate*, il famoso decreto del Concilio vaticano II sul rapporto della Chiesa con le religioni non cristiane:
Dai tempi più antichi fino ad oggi presso i vari popoli si trova una certa sensibilità a quella forza arcana che è presente al

corso delle cose e agli avvenimenti della vita umana, ed anzi talvolta vi riconosce la Divinità suprema o il Padre. Questa sensibilità e questa conoscenza compenetrano la vita in un intimo senso religioso.[4]

«O il Padre»!

Mircea Eliade, uno dei più influenti storici moderni delle religioni, scrive: «La storia degli esseri supremi dalla struttura celestiale è di assoluta importanza per capire nel suo complesso la storia delle religioni dell'umanità». Rifiuta l'approccio riduzionistico alle universali idee primordiali di Dio. «Il naturalismo non c'entra nulla qui. Il Dio celeste non viene identificato col cielo, perché è lo stesso Dio che, creando il cosmo intero, ha creato anche il cielo. Ecco perché si chiama Creatore, Onnipotente, Signore, Capo, Padre, e via dicendo. Il Dio celeste è una persona, non un'epifania uraniana.»[5]

Il *Rgveda* (1200- 900 d.C.), la prima grande opera in lingua indoeuropea e la più santa scrittura dell'induismo, parla di «Nostro Padre, che creò e diede ordine e conosce tutte le forme, tutti i mondi».[6]

Eliade scrive che «La preghiera più famosa del mondo è indirizzata a "Padre nostro che vive nei cieli". È possibile che le prime preghiere umane fossero rivolte allo stesso padre celeste.»[7]

Il *Nostra Aetate* porta l'attenzione sull'importanza dell'ebraismo:
> Essendo perciò tanto grande il patrimonio spirituale comune a cristiani e ad ebrei, questo sacro Concilio vuole promuovere e raccomandare tra loro la mutua conoscenza e stima, che si ottengono soprattutto con gli studi biblici e teologici e con un fraterno dialogo.[8]

In questo contesto un recente e grosso sviluppo è stato dato dall'imprevedibile dichiarazione firmata da più di sessanta importanti rabbini ebreo-ortodossi d'Israele, d'Europa e degli Stati Uniti. Ecco il testo, largamente pubblicizzato, della *Dichiarazione dei rabbini ortodossi sulla cristianità* [9]:

Per fare il volere del nostro Padre celeste: verso una collaborazione fra ebrei e cristiani.

Dopo quasi due millenni di reciproche ostilità e alienazione, noi rabbini ortodossi, che guidiamo comunità, istituzioni e seminari in Israele, negli Stati Uniti e in Europa, riconosciamo l'opportunità storica che ci si presenta ora dinanzi. Cerchiamo di fare il volere dell'Alto Padre accettando la mano tesaci dai nostri fratelli e dalle nostre sorelle cristiani. Ebrei e cristiani devono collaborare per affrontare le sfide morali della nostra era [...] Entrambi, ebrei e cristiani, abbiamo in comune la solenne missione di perfezionare il mondo sotto la sovranità dell'Onnipotente, di modo che l'intera umanità si rivolga a Lui e vengano spazzati via dalla Terra gli abomini. Comprendiamo l'esitazione di entrambi i fronti ad affermare questa verità, e richiamiamo le nostre comunità a superare i timori per instaurare una relazione di fiducia e rispetto.

È sicuramente significativo che per la dichiarazione di collaborazione fra ebrei e cristiani si usi il titolo di "nostro Padre celeste".

Di conseguenza, una festa del Padre dichiarata dalla Chiesa potrebbe finire con l'essere la prima festa cristiana accolta anche dagli ebrei.

Certo, l'ebraismo non accetta la rivelazione di Dio come trino. Cionondimeno la Bibbia ebraica parla di Padre, di Verbo (Saggezza) e di Spirito Santo.

Il *Nostra Aetate* sottolinea anche l'importanza di accettare la paternità di Dio, per poter riconoscere la fratellanza comune dell'umanità:
> Non possiamo invocare Dio come Padre di tutti gli uomini, se ci rifiutiamo di comportarci da fratelli verso alcuni tra gli uomini che sono creati ad immagine di Dio. L'atteggiamento dell'uomo verso Dio Padre e quello dell'uomo verso gli altri uomini suoi fratelli sono talmente connessi che la Scrittura

dice: «Chi non ama, non conosce Dio» (1 *Gv* 4,8).

L'insegnamento della Chiesa di questa dimensione di fratellanza e sorellanza universali derivanti dalla nostra comune Paternità sarà chiara a tutti con la proclamazione della festa di Abbà, Padre nostro,

Padre della famiglia umana.

#10 I FRUTTI

Ogni festa porta i suoi frutti. Quella per il Padre ne porterebbe di unici: viva consapevolezza della Santa Trinità, manifestata nella venerazione sia liturgica sia devozonale; maggior apprezzamento per la famiglia, come riflesso della Famiglia divina che è la Trinità; nuovo rispetto per la paternità che scaturisce dal Padre – il «Padre [...] dal quale ha origine ogni discendenza in cielo e sulla terra» (*Ef* 3,14-5).

Nell'introduzione alla *Divinum Illud Munus*, l'enciclica sullo Spirito Santo, Papa Leone XIII diceva di rivolgersi «al permanente e miracoloso potere dello Spirito Santo; e all'estensione e all'efficienza della Sua opera, sia nell'intero corpo della Chiesa sia nelle individuali anime dei suoi membri, attraverso la gloriosa abbondanza della Sua divina grazia». Il suo desiderio, diceva, consisteva «*di conseguenza, nella nascita nelle vostre menti della fede relativa al mistero dell'adorabile Trinità,* e soprattutto in un aumento della pietà, infiammata verso lo Spirito Santo, Cui in particolare tutti noi dobbiamo la grazia di seguire le vie della verità e della virtù.»

C'è poco da dire: la festa del Padre avrebbe un impatto simile in relazione alla Paternità divina e alla Santa Trinità.

Oggi, persino tra i cristiani, c'è diffusa confusione sulla Trinità – se non proprio ignoranza. La riflessione devozionale e teologica di molti si rivolge esclusivamente a Gesù; per altri solo allo Spirito

Santo; e altri ancora parlano solo di Dio, con poco interesse per le persone divine.

Una festa del Padre aiuterebbe i cristiani a riconoscere la realtà delle tre persone che compongono la Trinità. Il Padre celeste è Padre per via del Suo Figlio eterno; il Figlio e lo Spirito Santo ci rendono figli del Padre a livello sovrannaturale. Parlare col Padre è parlare, con lo stesso respiro, col Figlio e con lo Spirito Santo. La verità della Trinità diverrà incontrovertibile, con l'introduzione della festa del Padre.

Va detto anche che molti hanno una visione deistica di Dio, dove Dio è distante e disinteressato. Il deismo prima o poi porta al secolarismo. Celebrare le opere compiute dal Padre per noi sottolineerebbe il Suo costante interesse per le nostre vite.

La festa del Padre, scrive Galot, ha un impatto diretto sull'atteggiamento che teniamo nei confronti della paternità e della maternità:

> La teologia del Padre ha enorme significato per la paternità umana. Mostra l'eccellenza d'ogni paternità, dato che quella di Dio è tanto potente da creare una persona. La paternità del Padre appartiene alla realtà primordiale del mistero divino, e proprio per questo getta luce sull'importanza della paternità e della maternità nelle vite umane. È attraverso la paternità e la maternità che uomini e donne custodiscono in sé la somiglianza col Padre e partecipano alla nobiltà della vita genitoriale.[1]

LA FESTA

Abbiamo trovato nelle Scritture, nella liturgia e nella teologia ragioni convincenti per istituire una festa in onore di Dio Padre.

Ma cosa celebrerebbe questa festa? E perché serve tanto?

La parola "festa" deriva dall'aggettivo latino "festus", che significa "festoso" ma anche "celebrativo", "relativo a un momento di celebrazione".

La pratica della celebrazione di feste sacre ebbe origine nell'Israele dell'Antico testamento, e venne ordinata direttamente da Dio. «Il Signore parlò a Mosè e disse: "Parla agli Israeliti dicendo loro: Ecco le solennità del Signore, nelle quali convocherete riunioni sacre. Queste sono le mie solennità.» (*Lv* 23,1-2) I giorni di festa inizialmente erano volti a celebrare le opere di redenzione di Dio nella storia d'Israele.

Nel Vangelo vediamo che Gesù stesso le celebrava. «I suoi genitori si recavano ogni anno a Gerusalemme per la festa di Pasqua. Quando egli ebbe dodici anni, vi salirono secondo la consuetudine della festa.» (*Lc* 2,41-2) «Si avvicinava intanto la festa dei Giudei, quella delle Capanne [...] Ma quando i suoi fratelli salirono per la festa, vi salì anche lui: non apertamente, ma quasi di nascosto» (*Gv* 7,2 e 10).

La discesa dello Spirito Santo ebbe luogo durante la festa ebraica della Pentecoste – che divenne la festa cristiana della Pentecoste (e dagli ebrei viene celebrata come Shavu'òt). La Chiesa implementò la pratica ebraica di celebrare le feste secondo un calendario liturgico. Oggi le feste ecclesiastiche sono di tre tipi: solennità, feste e memorie.

Le prime feste cristiane nacquero dai movimenti originanti fra i fedeli all'epoca approvati dalla Chiesa. Malgrado alcuni dicano che il Natale fu celebrato la prima volta durante il regno di Costantino a Roma nell'anno 336, altre fonti (per esempio il *Liber Pontificalis*) indica che la celebrazione possa aver avuto inizio addirittura nel secondo secolo. Si festeggiava in giorni diversi in diverse zone del mondo, finché la Chiesa, nel quarto secolo, non lo fissò per il 25 dicembre. La data invece della Pasqua venne stabilita dal concilio di Nicea del 325.

Nei primi secoli della Chiesa, diverse diocesi avevano giorni di festa propri da festeggiare a modo loro. Le riforme introdotte dal Concilio tridentino portarono a un unico calendario ecclesiastico. Le attuali categorie di solennità, feste e memorie vennero introdotte dopo il Concilio vaticano secondo. La solennità è la celebrazione di più alto rango, ed è riservata: ai misteri della fede, come la Trinità; a eventi della vita di Gesù, come l'Epifania; alla venerazione della Beata Vergine Maria, di San Giuseppe o di altri santi importanti.

In generale i giorni di festa si concentrano su eventi, individui o realtà relative alla salvezza. Nelle feste non celebriamo una particolare caratteristica di una persona divina, dato che ciascun membro della Trinità possiede tutti gli attributi divini. Parliamo però di una persona divina per come si relaziona ad alcuni aspetti dell'opera salvifica. Perciò il Padre *manda* il Figlio, il Figlio ci *redime* e lo Spirito Santo ci *santifica*. E la salvezza stessa consiste nel *ritorno* al Padre.

Natale e Pasqua celebrano le opere salvifiche del Figlio, mentre la Pentecoste celebra un'opera salvifica dello Spirito Santo.

E il Padre?

La necessità della festa

Scrive Galot:

> I due momenti – l'inizio e la fine – dell'opera di salvezza esprimono la stessa verità: "Dio Padre nostro", prima nell'intenzione fondante dell'opera e poi nel suo compimento ultimo. Questo primo momento avviene all'origine della storia dell'universo nell'eternità divina, che precede la creazione, mentre l'ultimo apre a quest'eternità, nella quale è incorporata l'intera sostanza della storia umana. Durante la vita terrena, Cristo era consapevole di venire dal Padre e andare al Padre (*Gv* 13,1-3). La Chiesa deve a sua volta approfondire la propria consapevolezza d'esser venuta dal Padre e di drigersi a Lui. La festa liturgica di Dio Padre esprimerebbe questa consapevolezza con grande chiarezza.
>
> Tale festa non potrebbe venir considerata una devozione ornamentale. Né una superflua manifestazione di pietà – bensì un atto intrinseco al ciclo liturgico, di cui sarebbe l'apice. Se vogliamo davvero reinstaurare questo ciclo nella prospettiva biblica dell'orazione dopo l'Ultima cena e del pensiero paolino, dobbiamo esigere una proclamazione più esplicita del mistero di Dio Padre.
>
> Questa proclamazione può esser celebrata nel corso dell'intero anno liturgico. Per averne però un impatto pieno, è necessario un giorno speciale di solennità riservato a lei sola. Lo scopo della festa liturgica consiste nell'attirare l'attenzione su una persona divina o su un mistero. La persona di Dio Padre e il mistero della paternità divina meritano più di un'implicita venerazione o di una mera menzione in altre feste. Possiamo celebrarli adeguatamente e ringraziare Dio Padre solo con una festa speciale in Suo onore.[1]

Dice Cantalamessa:

> È una tristezza che non esista, in tutto l'anno liturgico, una festa del Padre, che non esista, in tutto il Messale, neppure una messa votiva in suo onore. È cosa, a penarci bene, molto strana; esistono innumerevoli feste di Gesù Figlio; esiste una

festa dello Spirito Santo; esistono tante feste della Madre [...] Non esiste una sola festa del Padre, "*fonte e origine di tutta la divinità*". Verrebbe quasi da dire che è il Padre, ora, "il divino sconosciuto", non più lo Spirito Santo.

Esiste, è vero, una festa della Santissima Trinità, che, però, è la festa di un mistero, o di un dogma, non di una persona e, comunque, non di una sola persona divina. Del resto, il fatto che esista una festa della santa Famiglia non toglie che la Chiesa abbia sentito il bisogno di celebrare, anche singolarmente, le tre Persone della santa Famiglia. Non potrebbe essere questo il tempo di colmare tale lacuna?

Molte feste sono nate per rispondere a particolari bisogni di un'epoca: la festa del Corpus Domini, per esempio, è nata come risposta della fede alla negazione della presenza reale, fatta da Berengario di Tours; alla minaccia del giansenismo, la Chiesa rispose con la festa e il culto del Sacro Cuore e nessuno saprà mai di quante e quali grazie spirituali è stato occasione questo culto. Oggi, la minaccia, si diceva, investe il nucleo stesso della fede cristiana che è la rivelazione di Dio come Padre – il "Padre del Signore nostro Gesù Cristo", come lo chiama sempre san Paolo – e, dunque, la stessa Trinità. Se la Provvidenza sta riportando alla coscienza, ai nostri giorni, il mistero della sofferenza di Dio, questo non può essere un caso, ma perché lo Spirito Santo sa che questo è il rimedio necessario per guarire il pensiero malato dell'uomo moderno, il quale ha trovato, nella sofferenza, la pietra d'inciampo che lo porta lontano da Dio.

La festa è stata sempre, nella pedagogia della Chiesa, un mezzo privilegiato per far penetrare un particolare mistero, o evento della storia della salvezza, nella vita dei fedeli. La conoscenza e la familiarità dello Spirito Santo sarebbero certamente assai più sbiadite senza la festa di Pentecoste. La festa è una catechesi vivente e oggi c'è bisogno urgente di una catechesi sul Padre. Oltre il suo valore di catechesi, una festa del Padre avrebbe, come ogni festa, anche il valore di *omologesi*, cioè di confessione pubblica e gioiosa della fede. La festa è infatti la forma più alta e solenne di proclamare la fede, perché tutto il popolo vi partecipa coralmente. I cristiani darebbero certamente una grande gioia al cuore del Signore risorto se riuscissero a realizzare questo progetto "ecumenicamente", cioè accordandosi, tutte le Chiese che lo accettano, al fine di celebrare, di comune accordo, in uno stesso giorno, la festa del Padre.[2]

Il giorno di festa del Padre celebrerebbe la Sua relazione con noi in rapporto alla nostra salvezza, come nostro Padre *Abbà* che ci ha *mandato* Suo Figlio e il Suo Spirito per la nostra liberazione e *a Cui torniamo*. Il versetto «Dio infatti ha tanto amato il mondo» coglie al massimo grado la natura di questa relazione. In quanto Padre, ci fece viventi e ci mandò Suo Figlio e il Suo Spirito per la nostra salvezza: ecco la realtà sacra che celebriamo. Celebreremmo la Sua relazione con noi in quanto NOSTRO Padre, che «ha tanto amato» l'intero genere umano – e non per la Sua relazione in quanto Padre all'interno della Trinità.

Attuali celebrazioni della festa

Come già evidenziato, una festa di Dio Padre nella Chiesa cattolica viene celebrata ufficialmente dagli anni Quaranta dell'Ottocento. L'arcidiocesi di Goiânia, in Brasile, celebra annualmente la festa del Padre divino ed eterno. Una chiesa relativa è stata costruita a Basília durante il pontificato di Benedetto XVI. È la seconda più grande destinazione di pellegrinaggio del Brasile, e durante i nove giorni di festa, che cominciano l'ultimo venerdì di giugno e finiscono la prima domenica di luglio, attira tre milioni di pellegrini. L'attuale arcivescovo di Goiânia è stato nominato da Papa Francesco nel 2021, ed è vicepresidente della conferenza dei vescovi brasiliani. È d'altronde significativo che il paese cattolico più grande del mondo (centoventitré milioni di fedeli) abbia una festa che celebra Dio Padre. Speriamo adesso che si diffonda alla Chiesa intera come festa del Dio Padre dell'umanità.

La co-cattedrale dell'arcidiocesi di Charkiv-Zaporižžja, in Ucraina, è la chiesa di Dio Padre misericordioso.

È degno di nota anche il fatto che la Chiesa ortodossa etiope celebri da secoli la festa di Dio Padre.

Analogamente, nel diciassettesimo secolo c'era una «solenne celebrazione da tempo immemore di una festa speciale in onore del Padre eterno nella chiesa trinitaria di Tarazona, in Spagna. Quest'ultima festa, che attirava grandi masse, cadeva la quinta domenica dopo Pasqua».

Risposta a potenziali obiezioni

La proposta di una festa universale del Padre viene avanzata da secoli, soprattutto in un'iniziativa di concerto iniziata nel 1657. Non venne però accolta perché all'epoca si sollevarono tre obiezioni – che ormai troviamo prive di fondamento. Si trattava: della supposta novità della festa; della possibilità che la celebrazione di una sola persona divina della Trinità portasse al politeismo; e dell'inopportunità di una festa che onori le persone divine singolarmente, quindi slegate dai rispettivi ruoli ricoperti nella salvezza.

A proposito di queste obiezioni, Galot scrive:

> Quando oggi prendiamo conoscenza delle obiezioni formulate contro la festa, abbiamo qualche difficoltà a trovarvi un serio ostacolo. Una obiezione si fondava infatti sulla novità della festa, novità che poteva disturbare la gente e doveva essere scartata: bastava la sapienza degli anziani. Accettare questa obiezione sarebbe proibire definitivamente ogni sviluppo nella liturgia. Si obiettava anche il pericolo di ammettere una pluralità di dei: la festa particolare del Padre avrebbe potuto creare delle confusioni sul Dio Uno e Trino, dando l'idea di una specie di altro Dio, essendo una Persona divina distinta dalle altre. Una obiezione simile potrebbe essere fatta contro

ogni festa particolare di Cristo o dello Spirito Santo. In realtà il pericolo di un politeismo non esiste, e le feste delle Persone della Trinità possono essere celebrate senza questa preoccupazione. Una argomentazione contraria alla festa veniva poi dal principio che le feste liturgiche dovevano essere celebrate per commemorare un evento particolare dell'opera di salvezza: nel caso del Padre, non c'è un evento di questo genere. È facile rispondere che una festa come quella della Santissima Trinità non è legata a un evento particolare. D'altra parte il Padre è intervenuto con la sua iniziativa sovrana in tutti gli eventi dell'opera salvifica e non può essere giudicato estraneo all'adempimento del suo disegno divino di liberazione dell'umanità [...] Precisamente, in quanto è l'iniziatore di tutta l'opera salvifica e il termine finale del cammino dell'umanità salvata, il Padre dovrebbe essere celebrato.[3]

Galot sottolinea un punto importante: la celebrazione della festa è relativa non alla paternità eterna del Padre, ma alla sua relazione con l'umanità.

La festa liturgica di Dio Padre non avrebbe come tema principale la paternità eterna nella Trinità. Dovrebbe piuttosto rendere omaggio alla paternità che il Padre ha deciso di assumere nei confronti dei membri della razza umana, al Suo amore paterno per come si manifesta nell'opera di salvezza. Questo è il proposito della lode che San Paolo offrì al Padre nell'inno della lettera agli Efesini [...] Il vero oggetto della festa è la paternità di Dio Padre in relazione agli uomini, una paternità in cui viene svelata quella eterna. Ciò ci aiuterebbe a comprendere perché il nome proposto per la festa di Dio Padre non è più, a differenza di quello avanzato nelle petizioni del diciassettesimo secolo, "festa del Padre eterno", ma "festa di Dio nostro Padre".[4]

Data della festa

Quando andrebbe celebrata la festa del Padre? Alla fine, a questa domanda dovrà rispondere la Chiesa.

Abbiamo visto che la festa brasiliana del Padre eterno e divino cade la prima domenica di luglio. A Tarazona si festeggia la quinta domenica dopo Pasqua. Nella Chiesa ortodossa etiope cade d'agosto, alla festa della trasfigurazione. La Chiesa ortodossa etiope ha poi una festa liturgica in onore del Padre il tredici di ogni mese.

Nella Chiesa svariati sono i mesi tradizionalmente associati a santi o a Gesù – marzo per San Giuseppe, maggio per la Vergine Maria, giugno per il Sacro cuore. In questo contesto, data la manifestazione del Padre alla trasfigurazione, agosto è un'opzione possibile – non si entrerebbe poi nemmeno in conflitto con l'Annunciazione, la Pasqua, la Pentecoste o Natale.

Un altro vantaggio d'agosto è il fatto che si tratta dell'ottavo mese. Com'è risaputo, l'ottavo giorno fu quello scelto per le feste sacre nell'Antico testamento. Si proseguì così anche nel Nuovo, con l'istituzione del Shabbat di domenica e con l'enfasi della Chiesa sull'otto.

Le festa ebraica delle capanne (o dei tabernacoli) si teneva l'ottavo giorno:

> Per sette giorni offrirete all'Eterno dei sacrifici mediante il fuoco. L'ottavo giorno avrete una santa convocazione e offrirete all'Eterno dei sacrifici mediante il fuoco. È giorno di assemblea solenne; non farete nessun lavoro consueto. *Lv* 23,36

> L'ottavo giorno avrete una solenne assemblea; non farete nessun lavoro ordinario. *Numeri* 29,35

La purificazione rituale ebraica avveniva l'ottavo giorno.

> L'ottavo giorno prenderà due agnelli senza difetto. *Lv* 14,10

Anche la Festa delle luci cadeva l'ottavo giorno.

> In quel tempo Salomone celebrò la festa per sette giorni, e tutto Israele con lui. Ci fu una grandissima assemblea di gente venuta da tutto il paese: dai dintorni

di Camat fino al torrente d'Egitto. L'ottavo giorno fecero una riunione solenne; perché celebrarono la dedicazione dell'altare per sette giorni, e la festa per altri sette giorni. *2Cronache* 7,8-9

Nella visione d'Ezechiele del futuro, vediamo:

Finiti questi giorni, dall'ottavo in poi, i sacerdoti immoleranno sopra l'altare i vostri olocausti, i vostri sacrifici di comunione e io vi sarò propizio". Oracolo del Signore Dio. *Ez* 43,27.

Gesù rivelò la propria consacrazione al Padre durante gli otto giorni della Festa ebraica delle luci.

Importante è, ovviamente, l'istituzione di una festa che onori il Padre in quanto Padre della famiglia umana; la scelta della specifica data può esser fatta in consulto con liturgisti, ecumenisti e altri.

RIASSUMENDO

"Ti ho esaudito nel tempo favorevole e ti ho soccorso nel giorno della salvezza". Eccolo ora il tempo favorevole; eccolo ora il giorno della salvezza! (*2Cor* 6,2)

Oggi più che mai ci viene offerta l'opportunità unica di completare il pellegrinaggio biblico, liturgico e teologico al Padre – pellegrinaggio cominciato con l'annuncio di Gesù dell'«ora [...] in cui i veri adoratori adoreranno il Padre in Spirito e Verità». Le feste in onore di Gesù e dello Spirito Santo devono venir completate da una in onore del Padre, che Li mandò in missione salvifica. Potremo partecipare alla missione di Gesù di "glorificare" suo Padre, l'Abbà, quando anche noi lo glorificheremo in una festa al *nostro* Padre Abbà, il Padre della famiglia umana.

La festa darebbe pure senso alle narrazioni bibliche. Sia il Nuovo che l'Antico testamento sono racconti di separazione da Dio e di ritorno a Dio. Una volta compreso che veniamo dal Padre e che siamo chiamati a tornare a Lui, tutto – nella Bibbia e nelle nostre vite – andrà al suo posto.

Ma soprattutto la festa si concentrerebbe sulla verità più importante di tutte: l'infinto amore incondizionato di Dio per ciascuno di noi, e la necessità di rispondere al Suo invito. «Dio infatti ha tanto amato il mondo da dare il Figlio unigenito, perché chiunque crede in lui non vada perduto, ma abbia la vita eterna»

(*Gv* 3,16). Persino oggi molti vedono in Dio una divinità rabbiosa, intenta solo a punire l'umanità che pecca. Non è questo l'infinitamente amorevole Padre svelatoci da Gesù, un Padre che cerca i peccatori per salvarli, e che ci ha mandato Suo Figlio per la nostra salvezza. «Dio, nostro Salvatore [...] vuole che tutti gli uomini siano salvati e giungano alla conoscenza della verità» scrive San Paolo (*1Tm* 2,3-4). L'infinito amore del Padre è l'oggetto della festa – nonché la ragione della sua essenzialità. **È l'amore del Padre che dobbiamo scoprire, celebrare, commemorare e condividere più pienamente nella festa.**

Quel glorioso inno al Padre che è il *Lumen Gentium* e le maestose aspirazioni dell'*Unitatis Redintegratio* e della *Nostra Aetate* troverebbero compimento nella proclamazione della festa in onore del Padre della nostra famiglia umana.

La festa già oggi celebrata in un'*ecclesia particularis* – la festa brasiliana del Padre eterno e divino – può esser estesa alla Chesa universale come festa dell'Abbà Padre nostro.

La chiusura di Galot alla sua stessa opera classica, *Découvrir le Père*, fa da commento conclusivo perfetto al nostro studio:

> Ci sono solide ragioni a favore dell'inaugurazione di una festa del Padre nostro. Innanzitutto, la capitale importanza del Padre nell'opera della nostra salvezza, cui è necessario dare enorme riconoscimento nell'adorazione liturgica. Solo una festa apposita per Dio Padre può assicurare la giusta venerazione della Sua persona e rispondere allo sviluppo universale del Suo amore paterno.

> Questa festa sarebbe ancor più rivelante nel nostro tempo, dato che aumenterebbe la nobiltà della paternità umana e getterebbe luce sui problemi relativi alla procreazione e all'educazione dei figli. Né mancherebbe di significato ecumenico.[2]

La festa è specificamente legata alla paternità, alla maternità e al matrimonio:

La paternità umana riceve la sua vera nobiltà dalla sua partecipazione al mistero primordiale del Padre celeste [...] Vale anche per la maternità, oltre che per la paternità, perché entrambe originano dalla paternità suprema di Dio Padre. La festa di Dio Padre consentirebbe alla liturgia cristiana di occuparsi con più completezza della vita di famiglia [...] La festa di Dio Padre attirerebbe l'attenzione sul modello divino della totale fertilità. Incoraggerebbe il desiderio di fertilità nel matrimonio.[2]

La festa ci consentirebbe infine di partecipare del rapporto di Gesù col Padre:

È giusto sperare quindi in questa festa. In termini più generali, non vorremmo che la preghiera della Chiesa fosse più dettagliatamente modellata sulla preghiera di Cristo tramite uno sforzo maggiore per rivolgersi al Padre? Questo modo di pregare ci aiuterebbe a riscoprire la spontaneità con la quale Gesù chiamava il Suo Padre divino "Abba!"[3]

Note

In breve

[1]Reinhold Schneider, *Das Vaterunser* (Freiburg: Herder, 1979), 10 [qui tradotto dall'inglese].

[2]Raniero Cantalamessa, *La vita nella signoria di Cristo*, Àncora [qui e oltre tradotto dall'inglese: *The True Lordship of Christ*, Ancora, 1990, 96-9].

[3]Jean Galot, *Il nuovo culto del Padre*, dicembre 1999.

[4] Jean Galot, *Découvrir le Père*, Editions SINTAL, 1985 [qui e oltre tradotto dall'inglese *Abba Father We Long to See Your Face* (New York: Alba House, 1992), 231-2].

La Bibbia

[1]«Questa unione essenziale con il Padre non solo accompagna l'attività di Gesù, ma qualifica tutto il suo essere.» Papa Giovanni Paolo II, 10 marzo 1999.

[2]*Omelia, Solennità di San Giuseppe, Abu Dhabi, 19 marzo 2022:* https://avosa.org/news/homily-of-cardinal-parolin-for-the-solemnity-of-st-joseph-at-abu-dhabi

[3] Jean Galot, *Découvrir le Père*, Editions SINTAL, 1985 [204-5].

[4]Jean Galot, *Il nuovo culto del Padre*, dicembre 1999.

La liturgia

[1]*Catechismo della Chiesa cattolica*, 1324.

[2]Ibid., 1359-1360.

[3]Louis Bouyer, *Le Père invisible*, Editions du Cerf, 1976 [qui e in seguito tradotto dall'inglese: *The Invisible Father*, Edinburgh: T&T Clark, 1999].

[4]Jean Galot, *Il nuovo culto del Padre*, dicembre 1999.

[5]Raniero Cantalamessa, *La vita nella signoria di Cristo*, Àncora, 1990.

[6]Jean Galot, op cit.

La patristica

[1]Ireneo, *Adversus haereses,* 5,18 e 2,78-79 [qui e note 2, 3, 4 della *Patristica* tradotto dall'inglese].

[2]*Lettere a Serapione* 1,28 e 3,6 [qui tradotto dall'inglese *Four Letters to Serapion of Thmuis*].

[3]*Adversus Enomium* (3,1).

[4]*La trinità*, IV, 20, 29 (PL 42, 908).

[5]Gilles Emery, *Trinity in Aquinas* (Ann Arbor, MI: Sapientia Press, 2003), 197.

[6]Louis Bouyer, *Le Père invisible*, Editions du Cerf, 1976. L'autore così prosegue: «Ma [...] il fatto stesso che Dio, il Dio del Verbo biblico pienamente parlato nel Vangelo, sia Padre, e non Padre accidentalmente ma essenzialmente, ha una duplice implicazione necessaria. Innanzitutto Suo Figlio, il Figlio, è essenziale alla Sua vita, alla Sua eterna esistenza in quanto Padre. Il Figlio poi è uno con Lui nei suoi termini, nella Sua eterna autorealizzazione, proprio come lo è Lui nel suo principio – o nella sua origine. Questa "coincidenza" del Figlio col Padre [...] ha espressione [...] eterna realizzazione nello Spirito di Vita che procede dal Padre allo stesso tempo come quest'ultimo genera il Figlio, e colui il quale riposa eternamente sul Figlio come Dono per eccellenza, il Dono dell'autodonarsi.»

[7]"The Father as the Source of the Whole Trinity," Augustinians of the Assumption, January 1996, 36-43. Anche: https://www.catholicculture.org/culture/library/view.cfm?id=1176

I concili

[1] https://web.mit.edu/ocf/www/nicene_creed.html

[2] https://history.hanover.edu/courses/excerpts/344lat.html

[3] https://www.intratext.com/IXT/ITA0131/_P10.HTM

[4] https://archive.org/stream/catechismo-tridentino-integrale-originale-digitale/Catechismo%20Tridentino%20%28Integrale%20Originale%20Digitale%29_djvu.txt

[5] https://www.vatican.va/archive/hist_councils/ii_vatican_council/documents/vat-ii_const_19641121_lumen-gentium_it.html

I Papi

[1]10 marzo 1999.

[2]*Tertio Millennio Adveniente*, 49, 10 novembre 1994.

[3]23 maggio 2012.

[4]30 gennaio 2013.

[5]*Deus Caritas Est* [Dio è amore], 2006.

[6]7 giugno 2017.

[7]20 febbraio 2019.

[8]22 maggio 2019.

La teologia

[1] Jean Galot, *Découvrir le Père*, Editions SINTAL, 1985, [31, 37, 61, 65-6].

[2]Jean Galot, *Il nuovo culto del Padre*, dicembre 1999.

L'antropologia

[1]Peter Geach, *The Virtues* (Cambridge: Cambridge University Press, 1977), 41-3

[2]https://www.holyfamilybordeaux.org/wp-content/uploads/2015/08/Emergence-of-devotion-to-The-Holy-Family1.pdf

[3]https://hail.to/tui-motu-interislands-magazine/article/iIcHIZu

[4]Paul Ricoeur, "Fatherhood: From Phantasm to Symbol," in ed. D. Ihde, The Conflicts of Interpretation: Essays in Hermeneutics (Evanston: Northwestern University Press, 1974), 490-1, 479.

[5]https://www.touchstonemag.com/archives/article.php?id=14-01-033-f&readcode=&readtherest=true#therest

[6]Benedict Ashley, O.P., *Justice in the Church: Gender and Participation* (Washington, D.C.: The Catholic University of America Press, 1996)107-108.

[7]Giovanni Paolo II, *Lettera alle famiglie* [tradotto dall'inglese].

[8] https://www.vatican.va/content/john-paul-ii/it/homilies/1979/documents/hf_jp-ii_hom_19790128_messico-puebla-seminario.html

[9] https://www.vatican.va/content/benedict-xvi/it/angelus/2006/documents/hf_ben-xvi_ang_20060611.html

[10]22 maggio 2016

[11]https://stmaxmedia.com/old/kolbe.html_

I millenni

[1] https://albanyccr.org/documents/2024/2/Flame-1-2.pdf

L'ecumenismo

[1] Jean Galot, *Découvrir le Père*, Editions SINTAL, 1985 [231-2].
[2] Raniero Cantalamessa, *La vita nella signoria di Cristo*, Àncora.
[3] https://www.vatican.va/archive/hist_councils/ii_vatican_council/documents/vat-ii_decree_19641121_unitatis-redintegratio_it.html
[4] https://www.vatican.va/archive/hist_councils/ii_vatican_council/documents/vat-ii_decl_19651028_nostra-aetate_it.html
[5] Mircea Eliade, *The Sacred and the Profane* (New York: Harvest, 1957), 129.
[6] *Rig Veda* 10.82.3
[7] Mircea Eliade, *Patterns in Comparative Religion*, trad. R. Sheed (London: Sheed & Ward Ltd., 1958), 38.
[8] https://www.vatican.va/archive/hist_councils/ii_vatican_council/documents/vat-ii_decl_19651028_nostra-aetate_it.html
[9] https://www.jcrelations.net/statements/statement/to-do-the-will-of-our-father-in-heaven-toward-a-partnership-between-jews-and-christians.html

I frutti

[1] Jean Galot, *Découvrir le Père*, Editions SINTAL, 1985 [56].

La festa

[1] Jean Galot, *Découvrir le Père*, Editions SINTAL, 1985 [226].
[2] Raniero Cantalamessa, *La vita nella signoria di Cristo*, Àncora.
[3] Jean Galot, *Il nuovo culto del Padre*, dicembre 1999.
[4] Jean Galot, *Découvrir le Père*, Editions SINTAL, 1985 [211-2].

Riassumendo

[1] Jean Galot, *Découvrir le Père*, Editions SINTAL, 1985 [233].
[2] Ibid. [227-9].
[3] Ibid. [233].

APPENDICE

La proclamazione della festa di Dio Padre cambierà la storia dell'umanità

Il figlio onora suo padre e il servo rispetta il suo padrone. Se io sono padre, dov'è l'onore che mi spetta? (Mal 1,6)

Perché chi mi onorerà anch'io l'onorerò (1 Samuele 2,30)

Ma è giunto il momento, ed è questo, in cui i veri adoratori adoreranno il Padre in spirito e verità; perché il Padre cerca tali adoratori. (Gv 4,23)

La proclamazione, da parte della Chiesa, di una festa di Dio Padre di tutta l'umanità avrebbe un impatto incalcolabile sul mondo. Cambierebbe la traiettoria stessa della storia umana.

Impatto sull'umanità

La festa di "Abbà, Padre della famiglia umana" si spinge oltre i vincoli delle scuole e dei sistemi teologici, ma raggiunge dritto al cuore ogni essere umano. È la proclamazione, da parte della Chiesa di Dio, che Dio non ha favoriti (*Rm* 2,11) e che l'amore del Padre è diretto a tutti. La festa è una testimonianza monumentale al mondo dell'infinito amore di Dio per ogni singola persona – verità rivelata dalle Scritture ma troppo spesso dimenticata. «Dio infatti ha **tanto amato il mondo** da dare il suo Figlio unigenito, perché chiunque crede in lui non muoia, ma abbia la vita eterna.» (*Gv* 3,16). L'amore di Dio non è circoscritto.

Abbraccia il mondo intero. Già la sola istituzione della festa aprirà la mente alla gente, per la prima volta, a questa stupenda verità.

Perciò la festa non è niente di meno che l'affermazione dell'amore, infinito e incondizionato, di Dio – in modo tanto commovente espresso in tutte le Scritture. «In questo sta l'amore: non siamo stati noi ad amare Dio, ma è lui che ha amato noi e ha mandato il suo Figlio come vittima di espiazione per i nostri peccati.» (*1Gv* 4,10) Si tratta di un amore paterno, dell'amore di un Padre per i Suoi figli: «Quale grande amore ci ha dato il Padre per essere chiamati figli di Dio» (*1Gv* 3,1). «Non abbiamo forse tutti noi un solo Padre? Forse non ci ha creati un unico Dio?» (*Ml* 2,10) «E sarò per voi come un padre, e voi mi sarete come figli e figlie, dice il Signore onnipotente» (*2Cor* 6,18). «Per questo, dico, io piego le ginocchia davanti al Padre, dal quale ogni paternità nei cieli e sulla terra prende nome» (*Ef* 3,14-15). Il corollario a questo testamento d'amore divino è semplice: «Carissimi, se Dio ci ha amato, anche noi dobbiamo amarci gli uni gli altri» (*1Gv* 4,11).

Nel proclamare questa festa, la Chiesa raggiungerà l'intera umanità – nel compimento del progetto del Padre rivelato dal Figlio – con un messaggio che cambierà a tutti la vita. Avrai un Padre, un Padre che ti ama infinitamente, che t'invita ad amare Lui e tutti i Suoi figli, tuoi fratelli e tue sorelle. La festa volterà i nostri cuori verso il nostro Padre comune e il nostro esser figli dello stesso Padre. La proclamazione di Dio come Padre risuonerà nei cuori dell'umanità tutta e, col tempo, spargerà la rugiada dell'amore e della compassione su ogni nostra azione. La festa seminerà i semi di un'era di pace.

Impatto devozionale

L'istituzione di feste precedenti ha avuto un impatto quantificabile sulle vite dei fedeli. Quella del Sacro cuore di Gesù ha quasi immediatamente portato a una diffusa devozione per l'inesauribile amore di Gesù – simboleggiato dal Suo cuore. Ora esistono più chiese dedicate al Sacro cuore di Gesù che a santi o titoli sacri.

La festa del Padre avrà un impatto sicuramente e drammaticamente analogo sulle vite dei fedeli.

Osserva il predicatore papale Raniero Cantalamessa: «La festa è stata sempre, nella pedagogia della Chiesa, un mezzo privilegiato per far penetrare un particolare mistero, o evento della storia della salvezza, nella vita dei fedeli [...]La festa è una catechesi vivente e oggi c'è bisogno urgente di una catechesi sul Padre. Oltre il suo valore di catechesi, una festa del Padre avrebbe, come ogni festa, anche il valore di *omologesi*, cioè di confessione pubblica e gioiosa della fede. La festa è infatti la forma più alta e solenne di proclamare la fede, perché tutto il popolo vi partecipa coralmente.»[1]

Impatto interreligioso

Ma una festa del Padre si spinge oltre la sola fede. Toccherebbe infatti il cuore di TUTTI: cristiani cattolici o meno, credenti e persino non credenti.

Nostra Aetate, il celebre decreto del Concilio vaticano secondo sul rapporto della Chiesa con le religioni non cristiane, afferma: «Dai tempi più antichi fino ad oggi presso i vari popoli si trova una certa sensibilità a quella forza arcana che è presente al corso delle cose e agli avvenimenti della vita umana, ed anzi talvolta vi riconosce la Divinità suprema **o il Padre**. Questa sensibilità e questa conoscenza compenetrano la vita in un intimo senso religioso.»[2]

L'invocazione del Padre ha radici primordiali che si sono manifestate nel corso di ere e culture.

Mircea Eliade, uno dei più influenti storici moderni delle religioni, ha scritto che la «preghiera più recitata al mondo è rivolta al "Padre nostro che sei nei cieli". È possibile che le prime preghiere dell'umanità fossero rivolte allo stesso padre celeste.»[3]

Il *Rgveda* (1200-900 d.C.), la più importante opera in una lingua indoeuropea, nonché la più sacra scrittura dell'induismo, parla di

«Nostro Padre, che creò e diede ordine e conosce tutte le forme, tutti i mondi.»[4]

La recente – e ampliamente pubblicizzata – *Dichiarazione dei rabbini ortodossi sulla cristianità*, firmata da prominenti rabbbini ortodossi d'Israele, d'Europa e degli Stati Uniti, invoca specificamente il Padre. Il titolo della *Dichiarazione* è "Per fare il volere del nostro Padre celeste: verso una collaborazione fra ebrei e cristiani", e vi si legge: «Cerchiamo di fare il volere dell'Alto Padre accettando la mano tesaci dai nostri fratelli e dalle nostre sorelle cristiani. Ebrei e cristiani devono collaborare per affrontare le sfide morali della nostra era.»[5]

A differenza di qualsiasi altra festa cristiana, quella in onore del Padre avrebbe perciò un profondo impatto interreligioso.

Impatto ecumenico

Natale, Pasqua e Pentecoste sono tre feste celebrate dai cristiani di quasi tutte le denominazioni. Ovviamente perché relative a Gesù e allo Spirito Santo.

V'è da aspettarsi che la festa del Padre venga ben accolta da quasi tutti i cristiani ortodossi e protestanti, data la centralità del Padre nelle storie del Nuovo testamento – dove il battesimo e la trasfigurazione di Gesù vedono pure dei messaggi diretti del Padre.

Ne evidenzia la dimensione ecumenica Jean Galot:
> Il "Padre nostro" è la preghiera ecumenica per eccellenza. Dato che raccoglie insieme i nostri fratelli separati, la festa di Dio Padre dovrebbe contribuire a quest'unione. L'omaggio reso al Padre tramite essa potrebbe venir condiviso da cristiani di tutte le denominazioni. Istituire una fetsa in onore di Dio Padre sarebbe sicuramente un passo avanti verso la riunione dei cristiani. Questo ruolo unificatore è al cuore della nostra venerazione di Dio Padre: i cristiani non possono pregare il proprio Padre celeste senza sentirsi più

vicini gli uni con gli altri, appartenenti alla stessa famiglia spirituale. La festa sarebbe simbolo d'unità cristiana, e darebbe uno slancio potente a una riconciliazione.[6]

Il cardinale Cantalamessa sottolinea che «I cristiani darebbero sicuramente grande gioia al Signore risorto se fossero in grado di compiere questo progetto "ecumenicamente", ossia concordando con tutte le Chiese favorevoli di celebrare, d'unico accordo, la festa del Padre lo stesso giorno.»[7]

L'*Unitatis Redintegratio*, il decreto del Concilio vaticano secondo sull'ecumenismo, specifica che è «il Signore dei secoli», il Padre, che «ha incominciato a effondere con maggiore abbondanza nei cristiani tra loro separati l'interiore ravvedimento e il desiderio dell'unione». E conclude che non è possibile realizzare quest'obiettivo attraverso «doti umane» ma con la preghiera di Cristo per la Chiesa, col potere dello Spirito Santo e con l'«amore del Padre per noi [...] largamente diffuso nei nostri cuori».[8]

Apice del Concilio vaticano secondo

La festa del Padre realizzerebbe la maestosa visione del Concilio vaticano secondo.

La comprensione di Dio Padre della Chiesa toccò l'apice col Concilio vaticano secondo (1962-1965), che con la *Lumen Gentium* proclamò il Padre autore e regista dell'intero progetto di creazione e salvezza: «L'eterno Padre, con liberissimo e arcano disegno di sapienza e di bontà, creò l'universo; decise di elevare gli uomini alla partecipazione della sua vita divina [...] È venuto quindi il Figlio, mandato dal Padre, il quale ci ha scelti in lui prima della fondazione del mondo e ci ha predestinati ad essere adottati in figli, perché in lui volle accentrare tutte le cose (Ef 1,4-5 e 10). Perciò Cristo, per adempiere la volontà del Padre, ha inaugurato in terra il regno dei cieli [...] Compiuta l'opera che il Padre aveva affidato al Figlio sulla terra (Gv 17,4), il giorno di Pentecoste fu inviato lo Spirito Santo per santificare continuamente la Chiesa e affinché i credenti avessero così attraverso Cristo accesso al

Padre in un solo Spirito (Ef 2,18) [...]. Cristo, fattosi obbediente fino alla morte e perciò esaltato dal Padre (cfr. Fil 2,8-9), è entrato nella gloria del suo regno; a lui sono sottomesse tutte le cose, fino a che egli sottometta al Padre se stesso e tutte le creature, affinché Dio sia tutto in tutti» (1*Cor* 15,27-28).[9]

Il cardinale Timothy Dolan sottolinea che «Dio Padre è una parte molto importante della Passione. Ovviamente Dio il Figlio è d'infinita importanza nella Passione, perché lui abbandonerà la Sua vita perché noi possiamo vivere per sempre. Ma fa tutto parte del progetto di Dio Padre per redimerci, riaverci, salvarci e rimediare alla tragedia del giardino dell'Eden.»[10]

Con la *Lumen Gentium* il Concilio ha attirato l'attenzione del fedele sulle fondamenta teologiche ed evangeliche sottostanti all'istituzione di una festa che celebri il ruolo primordiale del Padre nella storia della salvezza.

Completamento del viaggio trinitario

Il Padre non può esser preso in considerazione se non in relazione col Figlio e con lo Spirito Santo. Da tutta l'eternità dà tutto ciò che è al Figlio, il Figlio riceve tutto ciò che è dal Padre e il loro amore comune "respira" tramite lo Spirito.

Gesù è venuto perché potessimo conoscere il Padre, andare al Padre e divenir figli del Padre: «nessuno conosce il Figlio se non il Padre, e nessuno conosce il Padre se non il Figlio e colui al quale il Figlio lo voglia rivelare.»(*Mt* 11,27) «Nessuno viene al Padre se non per mezzo di me.» (*Gv* 14,6) «perché siate figli del Padre vostro celeste.» (*Mt* 5,45)

È attraverso lo Spirito Santo che diventiamo figli dell'Abbà, Padre nostro: «E che voi siete figli ne è prova il fatto che Dio ha mandato nei nostri cuori lo Spirito del suo Figlio che grida: Abbà, Padre!» (*Gal* 4,6) «Tutti quelli infatti che sono guidati dallo Spirito di Dio, costoro sono figli di Dio [...] avete ricevuto uno spirito da figli adottivi per mezzo del quale gridiamo: «Abbà, Padre!» (*Rm* 8,14-15)

Il movimento da e verso il Padre raggiunge un crescendo nella sconvolgente dichiarazione di Gesù nel Vangelo di Giovanni: «Ma è giunto il momento, ed è questo, in cui i veri adoratori adoreranno il Padre in spirito e verità; perché il Padre cerca tali adoratori.» (*Gv* 4,23)

Gesù dice: «Ma per questo sono giunto a quest'ora! Padre, glorifica il tuo nome.» (*Gv* 12,27-8)

Dio va accostato al Padre. La vera adorazione di Dio è adorazione del Padre. Il Padre cerca chi lo veneri in Spirito e verità. Ecco il Dio rivelato da Gesù di Nazareth.

Nell'esegesi di *Gv* 4,23, Jean Galot scrive:
> nel dire «è giunto il momento, ed è questo» Gesù dimostra d'esser consapevole dei tempi in cui vive. Si trattava di un momento di trasformazione radicale dell'adorazione, determinata dal progetto stesso di Dio. S'era all'alba di una nuova era della storia religiosa dell'umanità. L'era della collaborazione nazionale nell'adorazione, l'era del tempo dei padri era finita [...] Era giunto il momento del Padre; era stato Lui, l'unico e solo Padre, a gettare le basi dell'universalità dell'adorazione e della venerazione [...] La nuova adorazione viene ispirata dallo Spirito Santo e procede nella verità rivelata da Gesù. La dimensione trinitaria, che implica una distinzione fra le persone divine, dirige più chiaramente l'adorazione alla persona del Padre.[11]

Nel primo millennio abbiamo "scoperto" il Figlio attraverso i sette concili ecumenici, nel secondo siamo giunti a riconoscere l'azione dello Spirito Santo e adesso, nel terzo millennio, abbiamo modo di riconoscere il ruolo del Padre nella storia della salvezza celebrando una festa in Suo onore, e consacrando a Lui il mondo.

Questa consacrazione del mondo al Padre è appropriata, vista quella di Papa Leone XIII del mondo al Figlio (1899) e poi allo Spirito Santo (1901). La consacrazione al Padre sarebbe il culmine dell'amorevole resa dell'umanità alla Santa Trinità.

NOTE

[1] Raniero Cantalamessa, *La vita nella signoria di Cristo*, Àncora.

[2] https://www.vatican.va/archive/hist_councils/ii_vatican_council/documents/vat-ii_decl_19651028_nostra-aetate_it.html

[3] Mircea Eliade, *Patterns in Comparative Religion*, trad. R. Sheed (London: Sheed & Ward Ltd., 1958), 38.

[4]*Rig Veda* 10.82.3

[5]https://www.jcrelations.net/statements/statement/to-do-the-will-of-our-father-in-heaven-toward-a-partnership-between-jews-and-christians.html

[6]Jean Galot, *Découvrir le Père*, Editions SINTAL, 1985 [231-2].

[7]Raniero Cantalamessa, *La vita nella signoria di Cristo*, Àncora.

[8] https://www.vatican.va/archive/hist_councils/ii_vatican_council/documents/vat-ii_decree_19641121_unitatis-redintegratio_it.html

[9] https://www.vatican.va/archive/hist_councils/ii_vatican_council/documents/vat-ii_const_19641121_lumen-gentium_it.html

[10]https://www.facebook.com/watch/?v=773441867283207

[11] Jean Galot, *Découvrir le Père*, Editions SINTAL, 1985 [204-5].